# 余暇の風景学を考える
## －美学的時間消費論と川瀬巴水の郷愁－
### （上）

小林　享

上毛新聞社

前橋工科大学
ブックレット **4**

# はじめに―余暇を味わうこと

　余暇は私たちに「どのように過ごしたらよいのか」といった問題を投げかけます。無論、人それぞれですが、大抵の方は、自由に使える時間を手に入れた時、とまどいつつも入念な時間消費によって達成される幸せを求めることでしょう。私は、その喜びに溢れる高尚な時間の過ごし方を「美学的時間消費」と呼んでいます。

　美学的時間消費を支えるものをイメージした時、その核となる中で光るのが景観や観光であろうと私は思います。というのは、たとえば知らない土地へ出かけ、訪れた先で「何を見て、何処で何を食べ、何処に泊まるか」といった、いわゆる「もてなし」を主体とする事柄の善し悪しが、満ち足りた時を過ごしたかの答えとなるからです。

　ところで、美学的時間消費における余暇と景観との関わり、この問題は二つの視点を求めると私は考えています。一つは、心や言葉や時間と同じように人間の想像力が創る景観美、すなわち「風景を発見し、風景を創り、風景を調え、風景を律する」ことによる美しい風景の獲得であり、もう一つは、享受する側の美的体験に関わる心構えとしての態度や作法、すなわち心身の美しさです。そして、双方によって成り立つ文化的足跡こそが、私たちの国の数多くの名勝や名所を生み育ててきたものと感じています。

　本書ではこうした考えの下で、両者の関わりを踏まえながら、私たちが共有できる美的な眺め方や味わい方を検証しつつ、景観を交えた「余暇のかたち」を、地方に住まうことをモデルに探ることと致します。

　本書の構成は、先ず地方からの景観論を語る足がかりとして「景観力とは何か」について考えます。続いて「景観を楽しむための五感力」について理解を深めます。次に、楽しむためなら少々足を延ばすことをも厭わない「地域レベルで味わえる景観」を求める方法について、先達が突き止めた「観賞のための視覚構造と視覚様式」へと向かいます。「佳景が佳景たる所以」を

探るのです。さらに「日々の暮らしの中で安らぐ景観の見つけ方の実践」を紹介します。そして最後は、「出かけずとも満たされる景観についての私論」を述べたいと思います。

　本書が景観を通して人生を豊かにすることの意味を考えるよき糧となればと願います。

著者

# 前橋工科大学ブックレット（余暇の風景学を考える）

# 目　　次

&lt;上巻&gt;

はじめに　―余暇を味わうこと―

第1章．景観力は人生を豊かにする
　1－1．地方からの景観論 ……………………………………………… 2
　　道理の響く風貌の地／「気」を纏う風景浴／景観づくりの点と線
　　懐かしい「風景の未来」／往来する「食」と「景」
　　挑みの景観術／創景への送り風
　1－2．景観文化を支える多層性と多様性 …………………………… 12
　　県土イメージの形成と享受／地域らしさの再定義から新しい価値
　　の生成へ
　1－3．フィールドワークへの招待 …………………………………… 15

第2章．五感力が風景と出会う
　2－1．視能の精度を高める …………………………………………… 20
　2－2．聴能の最適化を図る …………………………………………… 23
　2－3．触能の領域を広げる …………………………………………… 28
　2－4．嗅能の感度を上げる …………………………………………… 31
　2－5．味能の意味をかみしめる ……………………………………… 35
　2－6．感覚の協働化から風景の味わいへ …………………………… 40

第3章．地域の中で風景を愉しむ
　3－1．日本三景の視覚様式 …………………………………………… 46
　3－2．借景と枠取り …………………………………………………… 55
　3－3．八景式観賞法 …………………………………………………… 63

3−4．シークエンス（継起的）体験 ………………………………… 65

第4章．「時の縁(ふち)」で風景を愉しむ
    4−1．朝夕の縁相―光の満ち引き ……………………………………… 73
    4−2．夕景の美しさ ……………………………………………………… 77
    4−3．朝景の美しさ ……………………………………………………… 89


＜下巻＞

第5章．天象の風景を愉しむ　―月と太陽の「影」と「陰」―
    5−1．月景の美しさ―月が魅せる―
    5−2．日影景の美しさ

第6章．降水の風景を愉しむ　―雨と雪の諸相―
    6−1．雨景の美しさ
    6−2．雪景の美しさ
    6−3．置き換えと景趣の多様化

第7章．机上で風景を愉しむ―頭の中の創景―
    7−1．風景描写と天気図と地形図と
    7−2．思い出と遊ぶ風景創話
    7−3．風景漫遊術


あとがき

# 第1章．景観力は人生を豊かにする

## 1-1．地方からの景観論
### 道理の響く風貌の地 —美徳から作法秩序へ—

　大抵の場合それぞれの景観にはそこに住まう人々の精神が映し出されます。家のつくりを見れば住む人の、その集合である町内の、さらに広げれば地区や地域の人々の、それを顕すことになります。丁度、人の相貌や立ち居振る舞いに人柄が表れるのと似ています。そしてその集積が地域地域の風景の印象を導くこととなります。この印象の中身は景観の綻びに呼応し、良い場合も悪しきケースもあります。良き風景とは何か。往来の人に気を配り庭先の手入れが行き届いた住宅、思わず水に触れたくなるような河川空間、形態や色彩に秩序があり管理の行き届いた街路空間などなど、佇まいに品格があり居心地のよさそうな雰囲気を醸す環境です。では綻びとは何か。たとえば、美とは無縁を決め込む汚れた住宅地——人が住まなくなり手が入らなくなると家は直ぐに荒れるものです。全国的に空き家率が高まり荒んだ家屋が増えているというご時世を反映してか、ようやく空き家対策推進に関する特別措置法による取り組みが始まりました。あるいは、秩序や品が感じられない商店街にもその印象を受けます。商業建築の宿命とはいえ、自己主張のみの建築デザインやディスプレイには顔をしかめることもあります。野立て看板が林立し良い景色を放棄した観光道路や鉄道沿線の眺めもその類でしょう。いかがわしい看板が目に付けば来訪者への印象は推して量るものがあります。植栽にしても、植えれば良いというものではありません。無理な場所に植栽され哀れみすら誘う緑地を見かけることがあります。また、山里の風景を傷つける携帯電話基地局のアンテナの乱立なども含まれるかも知れません。このように、良い眺めがある一方で綻びの方も枚挙にいとまがないのです。誘目性や視認性や伝達範囲などが自ずから優先されたからにほかなりません。私の住むここ群馬県ならずとも多くの所で抱える悩ましい問題だと思います。

　ところで、景観は人の心を反映すると同時に、環境に対して人々の心の中に生成されるイメージの母胎でもあります。ですから、育ちの良さと結ばれ

ることもあります。手入れのゆきとどいた環境や眺めの中で暮らしていれば、自然と心も美しくなり美的感覚も磨かれますが、その逆であれば心は段々と荒んでゆくこととなります。大人でもそうですから、多感な子供なら尚のこと深刻な問題を引き起こします。通学路のゴミやいかがわしい看板には危険や誘惑が潜んでいるのです。

　風景とは、自分だけが、自分の時代だけが良ければあとは知らぬ存ぜぬでは済まされません。大人から子供へと伝わり、世代から世代へと継承される心の問題を含んでいます。よく「住めば都」といいますが、「辺鄙（へんぴ）なところでも、慣れてしまえば住みよい土地だ、と思うようになる」ということの裏返しは、嫌なところ醜いところが見えにくくなるということです。そうあってはいけません。理想は、自分が引き継いだときよりも、もっと美しくすることであると言われます。そのためには、まず自分の住む所に愛着を持つことが必要であろうと思います。いわゆる地元意識や郷土愛の醸成というもので、それが地域美化へと繋がります。その基となるのは何か。集団で暮らす私たちが円滑な社会生活を営むためには一定のルールを前提とします。法制度は自明ですが、それ以前に、たとえば「お天道様が見ている」などを範とするような、曰く言い難い、理性に訴える約束事が重要であると思います。形而上学に踏み込むわけではありませんが、それを社会的美意識として据える、つまり社会システムに根ざす適不適を考えれば、ある程度の制約はやむを得ません。東日本大震災でも話題になりましたが、「礼儀正しさ、秩序を重んじる、衛生的、団結力、まじめ、親切、和を重んじる、真心、丁寧な言葉づかい、几帳面、綺麗好き等々」長らく日本人の美徳とされてきたものの再定義が必要なのであろうと思います。

## 「気」を纏う風景浴　―味わいの深化で届く心地よさ―

　私たちの出会う風景を律する美的秩序の一つに「移ろい」があります。私が景観論の中で用いるその概念は、手短に言えば、「とき」や「天候」に染まる美しさです。この種の無常の美は、私たち日本人の琴線に触れたとみえ

て、「雪月花」「花鳥風月」などの象徴的な言葉を待つまでもなく、日本人の自然観や美意識と堅く結ばれてきたと言えます。

　さて、自分の美意識やそれまでに出会った佳景のイメージを眼前の眺めに見立てたり投影したりする、という楽しみや喜びがあることを前提にしての話ですが、風景を楽しむということを考えた時、ただの眺めではなく目に見えぬ気配や大気の揺らぎ、いわゆる雰囲気のようなものを含めて味わうようなところがあるように思われます。少々難しく分かりにくい言葉ですが、それは「気」と呼ぶようなもので、とりわけそれと分かつことが出来ないのが「移ろいの風景」であろうと考えています。最近は好んで、そのような景観体験を称して「風景浴」と言っています。

　ところで、実際の風景浴の中身は複雑で一口には言えませんが、基本は五感の協働にあります。そこでは先ず第一に眺めが挙がります。そしてそれに音や香りや皮膚の感触が寄り添います。たとえば滝の眺めや小川のせせらぎ、あるいは浜辺や海岸に打ち寄せる波の光景も、音や匂いや湿り気がなければ腑抜けになってしまいます。また、公園の緑陰は樹木の形姿や色などの視覚的効果ばかりではありません。枝や葉の奏でる音と時折頬を撫でる風とが相俟って心地よさが生まれます。商店街の賑わいも、食べ物などの匂いや種々の音の刺激抜きの楽しさは考えられません。このように、風景浴とは五感が互いを高め合うところに最大の魅力があります。

　感覚の協働化は、直接的な刺激のみで生じるばかりとは限りません。というのは、私たちは経験を通して、夏の公園で噴水を見れば、たとえそこから離れていても涼しそうだという印象を持ちます。公園の木々の揺らめきには風の涼しさを感じることができます。あるいは遠く鐘の音を聞けば、境内の風情やお香の匂いを思い浮かべるかも知れません。このように、風景浴では刺激の窓口となる感覚があって、それがきっかけや媒介となって仮想的に他の感覚をイメージすることもあるのです。しかも同時に嬉しさや楽しさなどの気分を投影することもあります。人間の、環境に対する知的で高度な働きかけのなせる技と言えましょう。

このようにして、移ろいの風景を通し風景浴で得られる心地良さは、その場の「居ごこち」を生むのはもちろんですが、その経験の積み重ねが「住みごこち」へと繋がり、ひいては地域に対する愛着へと結ばれることでしょう。

**景観づくりの点と線　―空間の広がりと時の流れ―**
　自分の住むまちには、朝昼夕夜、春夏秋冬、種々の天候を問わず五感で味わうことのできる場所が必ずあるということ、そのような出会いが保証されるということは、日々の生活を楽しむ上でとても心強いことです。そういう場所は「発見」しておかねばならないのですが、そのためには見つける「目」が必要です。身につけるためのレッスンは、たとえば身近な川や池、涼を求め日だまりを楽しむ緑地、四季折々の花の名所、日の出や夕映え、雨や雪や風や霧などに目を凝らすことです。その時、ここが肝腎なのですが、一人一人が見つけ「自分しか判らない秘密の場所」は、それはそれで面白いのですが、集団で暮らすなら当然のこと、その場所を共有しその良さを分かち合うことが歓迎されます。

　発見だけでなく「場所づくり」も欠かせません。簡単に言えば場所のデザインのことなのですが、ただしデザインと言ってもいわゆる空間設計ではなく、五感の相乗効果を期待する感覚環境の設計を意味します。しかも、地名の活用や名称付けなど、新たな意味の生成を狙った言葉のデザインをも含んでいます。たとえば恩師の中村良夫先生は、「文化景観の保護と管理に関するメリナ・メルクーリ国際賞」を受賞した「古河総合公園」で、収集した地元の旧小字地名を言葉と意味のデザインとして活用しています。

　ところで、各々の場所で独自の個性を持たせるデザインは、それはそれで意味がありますが、ここでも注意しなければならないことがあります。それは、そのデザインが一定の期間だけ効果があればよいものでも、その場所だけで閉じた効果であってもならないということです。つまり、デザインの答えを出すにあたってはその場しのぎではなく、各々の場所がまち全体の中でどのような意味を持つのか、その場所が時間経過にともなってどう変化しそ

れにどう対応するのか、という意識を常に持たねばなりません。要点は、個別の場所からまち全体へという空間の広がりに関わる側面と、場所の継承という時間の流れに関わる側面です。ふたたび強調しますが、私たちが場所の価値を共有しその配置計画に参画すること、さらに一定の水準を保ちながら維持管理するという姿勢を持ち続けること、これが肝要なのです。そしてその積み重ねがこそが、将来、子供達に残す大切な知的文化資産となるでしょう。

　まちづくりと言うと、とかく「見劣りせず」「見栄えがよい」などに目が奪われがちですが、ここで言うまちづくりとは、ゆっくりとじわじわ効いてくる温泉の効能のようなまちづくりです。来てくれた方への「挨拶」や「もてなし」の道具ともなるこの効能が穏やかな暮らしを支えてくれるでしょう。

## 懐かしい「風景の未来」―心地よい環境の帯びる「礼」―

　生活者がいて住み継がれている伝統的町並みと、昔の風情は感じるもののテーマパークと見紛うばかりに手の入った歴史的町並み、もちろん生活感のない非日常的な町の雰囲気も魅力的なのですが、そもそも両者の印象の違いはいったい何処からくるのでしょうか。あるいは自然環境の、こんな例はどうでしょうか。同じように名水百選に名を連ねていても、「名水」を餌に客引きばかりにしのぎを削る湧水地と、水争いなどが起きぬよう地域の人々が代々交代で聖地として守ってきた湧水地とが放つイメージの違いです。こうした違いは何故起きるのでしょうか。

　たとえば、城下町の面影が残る屋敷町などの昔の写真や絵を見ますと、久しくその地に住んできた「旧家」と呼ばれる家には「出迎えの松」や「見送りの松」と呼ばれるような、住まいの粋な風情として共有されてきた屋敷構えの造園的道具があります。これには、遠くから視認できるという視覚的効果に、家人に成り代わる来訪者への礼が期待されています。あるいは、折々目にすることもあると思うのですが、家の前を掃き清め玄関先に水を打つ生活作法には、道行く人への挨拶としてすがすがしいものがあります。

　町並みを飾り彩る「看板」や「暖簾」は商いの作法を磨き上げてきた結果

を反映するものですが、それとても美しい意匠や判じ物の意味伝達の面白さばかりに目を奪われてはならないでしょう。「暖簾」を守り「看板」に傷をつけまいとする独自の倫理観が奥に潜んでいます。そこに通底するのは、時間を超えて普遍たらしめようというひたむきな強い意志です。そうしたいわゆる規範が家屋の表象や人のしぐさへ顕れる、少々かび臭い言葉ですが「礼」という根本精神が見えればこそ、人を惹きつけ招き入れるような働きかけが生じるものと思います。

　名水にしても、入会(いりあい)の場所であるという意識のもと、独自の約束事によって環境が保たれてきた歴史があります。独自のルールとは禁忌（タブー）などであって、たとえば洗い物や汚いものを捨てるな、石を投げるな、金物を投げるな、魚を捕るな、植物を採るな、遊泳するな等が環境の保全システムとして効果的に働いてきたのです。また、共有の意識を醸成するために土地に名が付けられ、さらに湧水誕生の秘話が生まれることもありました。これらがやがて由緒となります。こうした保全の身構えの一方で、自然の恩恵を上手に利用できるように守人は工夫を凝らしました。神秘的な地相に磨きをかけ、祠や社を設け、シンボリックな樹木を植え、美しい眺めを演出し、心地よい環境を整えました。さらに、額に汗して湧水口を清潔にし水汲み場を整備しました。整備や維持管理に見るこうした姿勢は、おびただしい数のペットボトルが列を成し、自分専用の一輪車を常駐させるそれとは品位という点で明らかに一線を画します。ともあれ、訪れた先の佇まいに行儀作法が息づくなら、そうした場所との出会いや発見は必ずや私たちの心やからだの良き糧となることでしょう。

## 往来する「食」と「景」　―食と風景を紡ぐ―

　私は少し前に、専門である景観研究のテーマの一つに食文化の問題を据えたことがあります。というのは、総合的な感覚を求める「食」と「風景」の両者の相性がすこぶる良いからです。たとえば自然美礼讃の言葉「雪月花」ですが、移ろう季節の味わいを象徴するこの概念が、「食の文化」と「風景の文化」

を知る上で重要なキーワードになっているのはご承知のことと思います。
　さて、「雪月花」それぞれには「雪見の宴」「月見の宴」「花見の宴」というように、眺めと食事との融合があります。目をつぶり脳裡に浮かぶその場の情景には、楽しみと喜びに満ちた酒食が寄り添うと思います。そのように言うとにわかに顔をしかめる方がいるかも知れません。しかし酒食とは、単に酔って騒ぐような品位に欠けるものばかりではありません。宴を設け風景を愛でるという昔からの生活行事には、居合わせた者同士が自然をも含めた人間の連帯感や一体感を確認し、共に生きている喜びを味わうという重要な意義が根底にあります。
　こうした、いわゆる伝統行事の風流が古典的モデルとなる一方で、新たなモデルも誕生しています。さしずめその筆頭が「夜景」といったところでしょう。
　理由はこうです。私たちは山河の自然や都市の人工をただ漠然と眺めるのではなく日常の生活に美しく取り込んできました。借景、見晴らし、パノラマ等々の眺めの言葉がその証拠の一端です。その視覚的体験の対象に夜景が選ばれ食事が結ばれました。この、風景と食との相性を物語る食事史上の幸せな出来事をもう少し嚙み砕いてみましょう。つまり現代の私たちは、科学技術の支援で力強い照明力や多彩な色の力を得、パノラミックな都市の夜景を日常的に楽しめるまでになりました。美しいナイトスケープが視点場とともに見出され食と共鳴する、と言いたいのです。その甲斐あって、風景と食との融合を楽しむ場所として数々の夜景スポットが今日ではごく当たり前のように提供されています。こうして、食と風景とを美的に融合し日常生活の中に取り込むということ、社交性を根本とするこのような発見や創意工夫が、日本人の心身を磨き上げ美意識を高めてきたものと私は思います。
　人の生活の質、ひいては人生とは、その人間が何処に暮らし、何を眺め、何をどう食べてきたのか、によって決まる部分があります。だとすれば、実りある人生を受けるためにも、日常の景色と日々の食事に気を配る、言い換えれば手入れの行きとどいた景観のなかで暮らし、健康に良いものを料理し、美しく食べることが大切なのです。だからこそ強調しますが、そのためにも

食育と景観教育との今後に期待を寄せたいと思います。

## 挑みの景観術　―時代感覚と柔軟な調律―

　およそ景観形成と言えば規制・誘導がつきものです。それには何某かの痛みが伴います。痛みとは、将来の環境のために出来うる限り我欲を捨てていただくことなどを指します。私益と公益とを意識すること、たとえとして相応しいかどうか分かりませんが、明治時代に事業で成功した篤志家の行いなどはその良い例です。維新後、明治になると没落大名が生計のため美術工芸品を手放しました。大量のそれが国外に持ち出されようとしたまさにその時、私財をなげうって阻止した人たちがいます。彼らが、儲けた財を公益に使用してくれたおかげで、今を生きる私たちは難を逃れた美術作品を国内で鑑賞することができるのです。美術工芸品だけでなく景観に関連するものもあります。ご存じのように横浜に名勝「三渓園」があります。名の由来の原三渓が、その庭園を当初から広く市民に開放したことは良く知られています。このオープンガーデンの先駆けとも言える行為は、私益と公益を考える上でも注目に値します。

　さて仕事柄、各地方に出かける機会があって、その折りに目にする町並みや山里の風情、あるいは漁村の佇まいに血の通った温かさを感じることがあります。それらは、先に触れたテーマパークと見まごうばかりの町並みとは一線を画します。風土や実生活と折り合いをつけながら変わってゆくという精気が感じられ、そこかしこに抑制の利いた人為性が漂っているように思えます。異質なものを嫌っているかのように見える静穏な面立ちには、無礼な家構えをしないという周囲への気配りが滲んでいるように感じられます。建築材料や技術的制約にも増して働く、いわく言い難いこの種の抑制力の根底に流れるのはいったい何なのでしょうか。

　学生時代のことですからもう遠い昔になりますが、景観形成に関わるいわゆる「集団規定（ルールや基準）」を研究するために、『司法省蔵版　全国民事慣例類集』（明治十年版、明治十三年版）を調べたことがあります。当時

の司法省が、民法編纂の一助として全国各地で種々の慣例を聞き取りまとめたものであり、その中に人の自制心への働きかけと関わる興味深い事項がありました。この場では詳述できませんが、現行の法制度が整う以前の日本にも「土地に属する義務」「建築物の届出申請」「建築形態」「植栽配置」「家屋周囲の管理義務」など、近隣への配慮が暗黙の約束事として存在していました。いわゆる、「お上」から与えられるものとは別の、時に厳しく時に温かい「しきたり」の網によって居住空間の安寧が導かれていました。

　いずれにせよ、各地の景観の将来が拓かれる、そのためには正しい景観像について議論しそれを共有することが必要です。たとえば、「モノ」に息の長いデザインがあるように、景観のそれを探すこともお勧めの一つです。とは言え、見定める力を持つのはなかなか容易ではありません。たとえば、平穏無事の眺め、変化し違和感を覚える眺め、失われて気付く風景——、失われるとは、今、光を当てなければ消え去りそうな農地、漁港、地場産業等々です。そうしたものを持ち寄り、議論の土俵に乗せることが第一歩となります。その時忘れてならないのが時代の要請に合わせて調律するという柔軟な姿勢です。と言うのは、たとえば屋外広告物ひとつをとっても、情報社会の現在はあらゆる情報が手元で得られるようになりました。そのようにサインの役割も意味も変化しているのですから。


**創景への送り風　—景観文化を観光へ結ぶ—**

　景観と言えば「景観法」が2005年に施行され、その後、ご存じのように都市緑地法をはじめ、文化的景観に光を当てた文化財保護法の改定、歴史まちづくり法、観光立国推進基本法などの景観に関連する法制度が整ってまいりました。景観研究に身を置く者としてまことに歓迎すべき事と感じております。ただ、それぞれの法律には持ち味があって、景観法や都市緑地法などは規制措置が中心で、歴史まちづくり法や観光立国推進基本法などはどちらかと言えば資産の活用にねらいがあります。そうした違いはありますが、美を感じ取ることのできない混沌とした景観を生み出してきた国土行政の反省

で、こうした種々の法律が生まれたことに変わりはなく、その根底には、量的充足に目を奪われるのではなく質の充実へと向かうという社会資本整備の考え方の転換があると思います。

　さて、こうした世の動きの口火を切った「景観法」ですが、今日、全国を見渡すと、景観法の庇護のもと独自に景観計画を定め、景観行政を行える「景観行政団体」へとこぞって名乗りを上げています。しかし、認定は伝家の宝刀でもないし免罪符にもなりません。景観法とは一見便利で自由度の高い法律ですがそれ故の危うさや怖さがあります。細かいことは各自治体の条例に委ねられます。だから、景観を活かしたまちづくりには品格もでれば嫌味も出ます。それぞれの事情に見合った知恵を出さねばなりません。

　景観に関する根拠法となるこの法律の基本理念に流れているのは景観の文化としての価値です。それを、私たち国民の「共有の資産」であるとしたところに最大の値打ちがあります。そして今私たちが立っているのは、一人一人がそれぞれの地域の景観の価値を理解しそれを守って行くことの重要性を自覚する、という時代と言えるでしょう。

　では何が求められるのか。とりあえずは気負わずに身の回りに目を向け、自分の住まう地域の歴史や文化や自然を分かり易く説明できるようにしましょう。その力を身につけるにはそれ相応の知的レッスンが必要で、こと景観に関しては五感の訓練が大切です。というのも、景観とは映像を見るのとは違い、生身の体が自分を取りまく環境と直に接することを前提にしているからです。見た目ばかりでなく音も匂いも味もあります。景観文化とは五感が欠かせないのです。各人が五感を磨き、地域地域の景観の文化を理解すれば、「景観」と「観光」との間に新しい風が吹くでしょう。それが真の「国際交流」や「地域交流」の下地となります。そのためにも地域に対する愛着や誇りを持てるように、幼いうちからの、地域のアイデンティティに関わる教育が望まれます。

　次は、現在私が住んでいる群馬県を例に、地方の景観文化と観光との関わりについて考えたいと思います。

## 1－2．景観文化を支える多層性と多様性

### 県土イメージの形成と享受

　「鶴舞う形の群馬県」——「上毛カルタ」の中に県土の形姿が詠まれています。「鶴が舞う」とはまことに優美な詞です。全国の郷土カルタの先駆けといわれるこの一つづりのカルタは、1947年に誕生したと聞きます。戦後の混乱期です、だからこそ「札」一つ一つのことばには、郷土の復興に心を砕いた人々の熱い思いや希望が込められました。年月が重なり託されたイメージは、今日広く深く県民に共有されています。

　手元にあるカルタをひとあたり眺めますと、選定の喜びとともに苦慮の跡が偲ばれます。大雑把でありますがその特徴をご紹介します。先ず山河の自然があります。赤城山、総称ですが、県民の誰もが何を指すのかを知っています。妙義山、利根川、吾妻峡、吹割の滝、鬼押し出しなど、どれも全国区の名所です。続いて歴史遺産です。古墳、多胡の古碑、貫前神社、子育て呑龍、碓氷峠の関所、富岡製糸場など、県民で知らぬ者はいません。富岡製糸場は世界遺産にそして国宝になりました。さらに地場産品です。葱と蒟蒻、繭と生糸、織物、三波石など、その個性を以て地域性を細やかに育んできました。傑出した人物にも触れねばなりません。新田義貞、関孝和、田山花袋、内村鑑三などが挙がります。その他、草津、伊香保、四万といった温泉地、冬桜やツツジなどの花の名所、変わったところでは、清水トンネルやダムなどの土木施設、八木節、雷、空っ風、義理人情といった風土や気質も見逃せません。

　こうして、古代から近代までの人文資源と自然資源を含み、春夏秋冬を盛り込み、歴史的にも地理的にも公平に県内を巡っています。それらが縦糸横糸となって織りなす重層的なイメージは、後に続く子ども達の景観教育にとって欠くことは出来ないでしょう。さらにここで大事なことは、名のあるものを選び共有するという姿勢です。この伝統のルーツの一つ八景式観賞法が日本に移入されたのは、激動の１６世紀がまさに始まろうとする頃です。1500年に関白近衛政家が中国の「瀟湘八景」を手本として、琵琶湖南部の八実景を「近江八景」として選定したのが最初といわれています。以来、日

本でもてはやされてきたこの種の選定方法は枝葉を広げ、名どころを50,100といった区切りの良い数でくくる形式へも変化をとげています。今日おびただしい数の「何々選」が行われているのがその証拠でしょう。そこに顔を出す県内の名どころも実に数多くあります。名を連ねた場所は、景観資源や観光資源としてその知名度を高めています。

　ところで、少し前のデータですが、2007年7月の内閣府の「国民生活に関する世論調査」では、国民の35.1％がこれからの生活の中で、娯楽を含めた余暇生活の充実を図りたい、と考えているという報告があります。ご承知の通りなかなか厳しい時代ですが、こういう時代であればこそ——もちろん各々の出来る範囲での話ですが——心と時間とに余裕を持てるようにしたいものです。そのための入り口として、身近な資源に目を向けた名数選の利用は有効だと思います。

## 地域らしさの再定義から新しい価値の生成へ

　秀麗な山河を背にすればそれだけで絵になります。ささやかな山の端でも、道路の正面に取り込みさえすれば秩序が生まれます。公園にある何気ない石くれや樹木の表情も雨や雪で一等のものに変わります。そうしたことを理論的に教わったのが私と景観工学との馴れ初めです。その詳細はさておき、他県に負けず劣らず群馬県にも、自然景観と供にあると一段と映える「まち」や「むら」が多くあります。

　ところで「県土の景観を考える」と言ってもそう簡単ではありません。一県の風土を一口には語れません。県内各地にはそれぞれの特色があります。たとえば「まち」や「むら」の立地特性です。県内は標高差が色々なので、それらは山にもあれば盆地にも平野にもあります。雪が降る所もあれば滅多に降らない所もあります。その生い立ちも複雑です。地理的にも歴史的にも重層的で種々多様な文化が共存しているといえます。こうした、各地区に積層した固有の文化を流行の「らしさ」と呼びたいのですが、これがなかなか分かりづらい。私たちの共有しているイメージのそれは、各地の地歴が長い

年月をかけて醸し出し、その場に染みついている雰囲気です。ですがそれは、本来これまでに誰かが発見してきてくれた事象の編集や総合でありその共有です。だとすれば、時の経過に沿って今後も付加され変容して行くのであろうと思います。であるなら、まずそれを発見する目利きを育て彼らの発見を持ち寄ることがスタートになるでしょう。それが新たな「らしさ」の生成へと繋がるものと思います。

さてここで、これからの地方都市における景観の行く末を考えるための手がかりになることを願って、その持ち味を大都市との比較で考えてみましょう。あくまでも私の住む群馬県をイメージしています。たとえば、大都市はあらゆる情報が氾濫し景観もめまぐるしく変わります。地方都市の速度はそれ程でもありません。地方都市は、大都会に暮らす人々が羨むほどの農村や自然への近さがあります。街はずれは近く、車で移動すれば程なく豊かな田園景観や自然景観と出会えます。このことは、地方都市が都会の賑わいに憧れるのと同じくらい魅力的なことです。目をつぶって少し考えただけでも、地方都市の特長が見えてまいります。群馬県もこうした地方都市を内包しています。しかも、他県にも増して特徴の一つである車社会です。だとすれば、この特性に対応した新しい景観像、言い換えれば景観の価値が模索されてよいと思います。

とは言え、現代はその手だてが一様ではありません。判断基準や尺度が錯綜し場面場面での使い分けもあります。その結果として、多種多様の価値観が共存し溢れんばかりとなっています。それが、現在の時代感覚というものであろうと私は感じています。このことは美の基準も例外ではありません。このように揺らぐ時代ですが救いはあります。私が言うのもおこがましいですが、日本文化はなかなかどうして、懐が深いのです。日本人の美意識の系譜において、同時代に異なる美意識が共存したことがあります。たとえば安土桃山時代、千利休の大成した茶礼の美意識と絢爛たる錦の美意識とが同居したことは周知の通りです。両者はその後も命脈を保ち今日まで生き継がれています。それともう一つ、日本文化の特性には、他文化に対する吸収力と

消化力とを活かし、新たな文化を生成して行くというものがあります。こちらも文化史をひもとけば自明でしょう。日本文化のそういう度量を見失うということは、その文化や社会が滅びる方向へ向かうということに繋がります。日本の文化はそれを潔しとしてきませんでした。今後もその姿勢を捨てずに進めば、道は自ずと拓かれるものと私は思います。背伸びも虚勢を張る必要もありませんが、ささやかなりとも互いの地域で切磋琢磨すればよいのです。そのためには「生物多様性」の理念にならって、「文化多様性」が求められるであろうと思います。地方の文化が絶えず新鮮に継承されるための条件の一つであろうと思います。そのためには、住民と事業者と行政等が、それぞれのポジションで何を成すべきかを自覚する必要があります。その上で、「らしさ」を支え、地域の誇りとなる景観を磨き上げ長持ちさせるのです。結果、それは「エコ」にも通じます。

　繰り返し申しますが、お分かりのように景観とは、社会、経済等あらゆる状況を複合的に表したものです。しかも空間的には連続しており閉じたものではありません。自ずと地域間の連携が前提となります。したがって、やや強い言い方をすれば、それらを束ねる企画調整能力を持つ機関の力量と手腕が試されるのです。それはとりもなおさず各地域の経営のかたちとも結ばれます。景観法をはじめ、景観と関わりを持つ分野の法律が整う今が頑張りどころであると言えます。

## 1−3．フィールドワークへの招待

　全国に名を馳せるもの、県境を越えて知られるもの、そうした名所の例は表1−1の通りです。他に、その水準には達していないのでやや控えめとなりますが、親しく県民に知られる名所もあります。思いつくまま名所のタイプを数えてみると、自然系では山、湧水、滝、河川、峠等々、人文系では古墳、城跡、並木、土木遺産、桜、紅葉等々と、両手両足の指では足りないくらい直ぐに浮かびます。幸いなことに現代はとても便利で、そうした場所の情報はジャンルや目的や過ごし方に関連したキーワードを入力し、インターネッ

トで検索すれば「ぐんまの百名山、群馬の名水、群馬の峠、群馬の古墳、ぐんまの並木100選等々」のように、たちどころに分布図や案内図ともども内

表1－1　広域の主な名数選に登場する県内の名所例一覧（筆者まとめ）

| | 名　称 | 名　所 |
|---|---|---|
| 1 | 日本百景 | 赤城山、菅沼、尾瀬沼 |
| 2 | 日本百名山 | 赤城山、浅間山、谷川岳 |
| 3 | 日本の重要湿地500 | 八瀬川（太田）、草津周辺湿原群（草津）、尾瀬ヶ原・尾瀬沼、大峰沼湿原（みなかみ）、渡良瀬遊水地（板倉）、利根川源流山稜高層湿原群 |
| 4 | 日本の滝百選 | 吹割の滝、常布の滝（草津町）、不動滝（渋川） |
| 5 | 日本三名泉／日本三薬湯 | 草津温泉＊有馬温泉、下呂温泉／草津温泉＊有馬温泉、松之山温泉 |
| 6 | 日本三大暴れ川 | 利根川（板東太郎）＊筑後川（筑紫次郎）、吉野川（四国三郎） |
| 7 | 日本の100名城／日本三古碑 | 金山城、箕輪城／上野多胡碑 |
| 8 | 日本の道100選 | 下仁田街道、ハナミズキ通り（大泉）、旧中山道（碓氷峠）、中山道－碓氷峠越え |
| 9 | 日本の歴史公園100選／都市公園100選 | 甘楽総合公園、大室公園／敷島公園、華蔵寺公園 |
| 10 | 日本の都市景観百選／美しい日本のむら景観100選 | 高崎城址地区／多々良（館林） |
| 11 | 美しい日本の歴史的風土100選 | 赤城神社と参道の松並木、湯畑を中心とした温泉街のたずまい |
| 12 | 21世紀に残したい日本の自然100選 | 赤城山・荒山高原、丸沼・菅沼 |
| 13 | ふるさといきものの里100選 | 黒川（ゲンジボタル、桐生）、ホタルの里（太田）、箱島鳴沢ホタル園（東吾妻）、おらが里のホタル観賞地（みなかみ） |
| 14 | 美しい日本の歩きたくなるみち500選 | 上野前橋の史跡を巡るみち、白衣大観音と出会うみち、藤岡・新町の史跡と湖沼を巡るみち、近代化遺産と大正昭和の時代と出会うみち（桐生）、館林・つつじと懐かしき鉄道・アプトのみち、高津戸峡と小平鍾乳洞を巡るみち、湯のさと・湯めぐり草津温泉峡のみち、信長の系譜・城下町小幡の歴史をたどるみち、渓谷美・諏訪峡を訪ねるみち（みなかみ）、いずみ緑道と歴史の道（太田、大泉）、須川宿・たくみの里の道 |
| 15 | 名水百選 | 箱島湧水（吾妻）、雄川堰（甘楽） |
| 16 | 疏水百選 | 広瀬用水（広瀬川：前橋、伊勢崎）、長野堰用水（高崎）、渡良瀬川沿岸（太田、館林）、群馬用水（渋川）、雄川堰（甘楽） |
| 17 | 歴史の道百選／遊歩百選 | 佐渡路－三国街道、清水越新道、下仁田街道／野反湖 |
| 18 | 日本の音風景100選／かおり風景100選 | 水琴亭の水琴窟（吉井）／草津の「湯畑」の湯けむり |
| 19 | 公共建築百選 | 群馬音楽センター、群馬県立近代美術館 |
| 20 | 水と緑の文化を育む"水の郷百選" | 水と緑と詩のまち（前橋）、心が通う元気あふれるまちづくり（甘楽） |
| 21 | さくら名所100選 | 赤城南面千本桜、桜山公園 |
| 22 | 森林浴の森100選 | 桐生川源流林、武尊自然休養林 |
| 23 | 水源の森百選 | 赤城水源の森（沼田）、奥利根水源の森（みなかみ） |
| 24 | 森の巨人たち百選 | 嫗仙の滝のカツラ（草津）、奥利根のブナ太郎（みなかみ） |
| 25 | ダム湖百選 | 神流湖（下久保ダム、神流）、赤谷湖（相俣ダム）、奥利根湖（八木沢ダム）、奈良俣湖（奈良俣ダム）、草木湖（草木ダム） |
| 26 | 関東の富士見百景 | 岩本（中之条）、野反峠（六合）、群馬の水郷（板倉）、中島記念公園（史跡金山城跡、南曲輪（太田） |
| 27 | 関東の駅百選 | 西桐生駅、水沼駅、館林駅（東武伊勢崎線）、下仁田駅（上信電鉄）、土合駅（JR） |

容説明を入手することができます。これを活かさぬ手はありません。県内をカバーする地形図を用意し、既往のデータを元手に興味の湧いた対象で、たとえばキャベツ畑やブドウ園やナシ園などの農地、赤城南麓といった夜景スポット、あるいは雨の似合うアジサイ苑やバラ園などなど、私家版ガイドブックを作成するなどは楽しいものです。さらに休日にはそれを片手に出かけ実際に体験し記録することをお勧めします。その際、新たな発見があるかも知れません。いずれにせよ、こうした一連の遊びは必ずや充実した時間をもたらすことでしょう。

■実践の栞―たとえば■
　◆地域風土：酒蔵の地、名水、温泉、食文化（名物・名料理・名店他）
　◆季節：農地景観（果樹園、野菜畑）
　◆時刻：眺望夜景（山、高台、高層ビル）
　◆天候：雨の名所（日本庭園、アジサイ苑、バラ園）

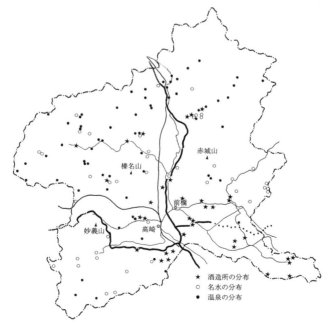

図1-1　群馬県内の名水・温泉・酒造所の分布

図1－2　群馬県内の四季折々、身近な名所
（名どころ：上から順に、梅林、菖蒲園、蕎麦畑、紅葉、城址、温泉、酒蔵、橋梁）

# 第2章．五感力が風景と出会う

あらためて言うまでもないと思いますが、景観体験にあっては先ず第一に眺めが挙がります。しかしその場に音や香りが無いと腑抜けになってしまうことがあります。私は、前章「『気』を纏う風景浴」で、おおよそ次のように述べました。

　"たとえば、滝の眺めや小川のせせらぎ、浜辺や海岸に打ち寄せる波が生み出す潮騒の光景も、音や匂いや湿り気が無ければ台無しです。また、公園の緑陰は樹木の形姿や色などの視覚的効果ばかりではありません。枝や葉の奏でる音が適度にもたらされる風と相俟って心地よさが生まれます。商店街の賑わいも、食べ物などの匂いや種々の音の刺激抜きの楽しさは考えられません。このように、五感が相互に関わりを持ち互いを高め合うところに景観体験の持ち味があります。あるいは次のような面白味もあります。

　私たちは経験を通して、夏の公園で噴水を見れば、たとえそこから離れていても涼しそうだという印象を持ちます。公園の木々の揺らめきに風の涼しさを感じることができます。あるいは遠く鐘の音を聞けば、境内の風情やお香の匂いを思い浮かべるかも知れません。このように、景観体験では刺激の窓口となる感覚があって、それがきっかけや媒介として仮想的に他の感覚をイメージすることもあります。しかも同時に嬉しさや楽しさなどの気分を投影したりもします。人間の環境に対する知的で高度な働きかけのなせる技といえます。"このように直截的に感覚の協働化が生じる場合や、ある感覚を通じて他の感覚をイメージしたり、自分の心情を投影することなどの編集作業をする場合などがあって、私たちの景観体験が生成されます。

　以下に、景観体験の下地をなす各感覚の働きとその複合化、知的作用による風景の味わいについて考えてみます。

## 2−1．視能の精度を高める

　外界の刺激を受け止める上で、私たちは視覚に最も強く頼っています。とりわけ景観体験では、見るという行為が最初の窓口となります。私たちは自分の美的感性に適う心地よい眺めを得るために、もっともよい条件の場所や

状況を求めます。つまり、見たいと願う視対象が視野の中で見やすい方向、位置、大きさに納まるように視点の位置を決め、体の位置や姿勢を定め、眼や頭を動かします。たとえば展望台から都市風景や自然風景を眺めたり、道や河川から遠景の山並み、人工島や埋立地や港から後背地の山やビル群のスカイラインを眺めたり、街中の広場でシンボルツリーやオブジェを眺めたりします。そうした各場面では、好みにあった視点場を探し、視対象を眺めるために引きを取り、見る角度を調えます。

ここで、眺めるときの身体の状況について軽くおさらいをしておきましょう。

私たちがあるものをじっと見つめるとき、最も効率的に視力が働くのは凝視点近傍のおよそ1°位の範囲です。1°というのは満月の視直径が約0.5°程ですからその2倍にあたります。また、手を伸ばして持ったときの五円玉の穴の直径の2倍位をイメージしていただいてもよいかと思います。それを外れると視力はどんどん落ちます。ですから、つぶさに観察しようとすると視線を動かす必要があります。つまり眼球を動かします。この運動のことを飛越運動といいますが、それによってもたらされる視野を注視野と呼びます。このように高い視力が発揮される範囲が1°位しかありませんが、眼球運動による解像度の補いで質の高い視野がもたらされます。これまでの研究例から、自然にとる眼の動きにおけるその範囲は、おおむね視角にして10°～60°位と言われています。この視野特性をもとに、さらに頭（首）の運動（楽な運動：左右動がそれぞれ30°、上下動が±30°）、身体の姿勢（立位、座位、臥位、よじる、股覗き等）、身体の位置（平坦、高所、低所、空中）、移動（断続的移動、継起的移動）などによって、眺めの調整そして構築がなされます。

その他に、見たいものが丁度良く視野に納まる状況について、景観分野で経験的に知られていることがあります。水平見込み角で20°、鉛直見込み角で10°に眺める対象が主役の座に納まると、ごく自然に注目して眺められるということです。手を伸ばして、左右の親指と人差し指でフレーミングする、写真撮影の時にとっているお馴染みの仕草です。

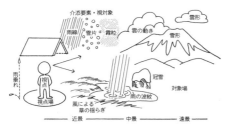

■視覚の諸元

簡便な指標としての静視野：60°視錐

注視野：鉛直角10°×水平角20°

熟視角：1°〜2°

首の楽な上下動：±30°

景観体験把握モデル（視覚）

| 俯瞰の状況 | 角度θ(仮説的数値) |
|---|---|
| 俯角の中心視 | −8°〜−10° |
| 俯角の一般下限 | −30° |
| 俯角の最大下限 | −45° |
| 多島海式景観の島の分布を眺める／湖の対岸の汀線を眺めるなど | −2°〜−3° |

| | 仰観の状況 | 角度θ(仮説的数値) |
|---|---|---|
| 自然 | 山のスカイラインをなぞる | 5° |
| | 独立峰を仰ぎ見る | 10° |
| 都市 | 建造物が図的に視野へ程よく収まる眺め | 10°〜12° |
| | 建造物の視野への図的納まりから支配までの眺め | 18° |
| | 建造物の全体像が視野を支配する眺め | 27° |
| | 建造物のディテールを眺める | 45° |

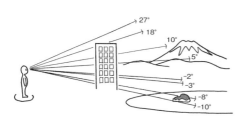

仰角・俯角の景観的意味

赤城山の仰観

摩周湖の俯瞰

函館山からの俯瞰（夜景）

図2−1　視体験の仕組み

具体的な眺めを例に視点資源（良い眺めを得られるポイント）を探すという話をいたします。たとえば美しい山を仰ぎ見るなどはとても心地よい景観体験です。恵まれたことに、日本各地には眺めて楽しむ名山があります。そうした山の眺めには視覚的な共通性があります。たとえば極端に見上げて楽しむようなことはありません。目に負担のないよう、自然に眺められる状態が見つけ出されています。ここからの眺めが良いというような場所が発見されています。景観工学は、そのための視覚的条件を突き止めています。たとえば山の眺めについては、孤立峯なら仰角にして10°程度、スカイラインの場合は5°程度が良いとされています。無理のない眼球運動との関係を指摘しています。

　勤務先へ向かう途中で見つけた視点からですと、赤城山が仰ぎ見る角度にして5°前後で眺められます。この角度ですから眼球を僅かに動かすだけで山が仰げます。特に山のスカイラインなどを目で追いやすい角度です。赤城山のように幾つかの頂が連なり、裾野も広い山を眺めるのにかなっています。

　高いところから見下ろし眼下の景色を手に取るように眺める。人間の持つ掌握願望を満たしてくれるのでとても楽しいものですが、そうした眺めを景観工学では俯瞰景と呼びます。人間は、普段立った姿勢では水平方向からやや下向きに見ています。標準的には約10°下方であるといいます。景観研究の分野でよく知られているのは、俯角にして－8°～－10°、そこを中心に眺めの対象が視野に納まると無理なく眺める良い状況となります。各地に設けられている展望台などは、こうした条件に合致しているものが少なくありません。このようにして視覚的な風景の楽しみは生まれてきます。

## 2－2．聴能の最適化を図る

　景観体験における音の働きには、見逃せない幾つかの特徴があります。たとえば滝の音や波の音や雨の音を録音して、何も説明せずにそれだけを聞かせても雑音にしか聞こえないといいます。しかし映像を見せたり状況を説明したりすることを通して、眺めのイメージと音とがお互いを高め合う場面を

設定すると事情は異なります。それぞれは妙音となり滝や波や雨の音に聞こえてきます。また、次のような側面もあります。聴きたい音に耳を集中させ、とりまく環境ともども楽しむということです。たとえば入相(いりあい)の鐘の音や、春先のウグイスのさえずり、夏や秋の虫の鳴き声、夜の雨音などに耳をすまし、その場の雰囲気に浸るなどがそれです。聞きたい音に耳を傾けそれ以外の音が意識されない。心の微妙な働きを前提にしています。また、音像と視覚像の共鳴現象も知られています。眺めの明るさと明るい音、眺めの暗さと暗い音といった組み合わせや、眺めの中の動きとテンポやリズムとの相性などで生じます。これらは印象や意味の類似性調和、時間的調和と言われるものです。また、同調現象もあると思います。太陽光の溢れる浜辺と暗く沈んだ浜辺では、同じさざ波でも風景に同調して聞こえてくるからです。夏から秋の夕暮れ時に鳴く蜩の「カナカナ」という音は、次第に暗くなる日暮れ特有の眺めにマッチして、何とも言えない心持ちにさせる固有の風情として私たちに染み込んでいます。耳目へのこうした影響は、気持ちの明るさや暗さと関わり、風景への心情投影の一種と捉えることができます。

　さらにここで注意したいのが音をどのようにして聞いて楽しむかという問題です。たとえば山寺の鐘の音は遠音で楽しみますし、ウグイスの谷渡りなどは足下の谷間から聞こえてくるのが最上とされます。また、松の葉が奏でる風音、海辺の波の音、清流のカジカの鳴き声は程よい距離を保つと心地よく聞こえます。虫の音や雨音はごく身近で耳を傾けると気持ちが安らぎます。そこで、こうしたことを理解するための基礎的知見を少々確認したいと思います。手始めは空間的な観点です。

　音を聴くという状況を思い描いてください。私たちは音を聴いた時、たいてい頭の中で音源までの距離の見積もりをします。それは、音による空間の広がりや聴距離を意識することに他なりません。この音源の方向と距離を識別するという心象空間の意識化のことを音の方向定位といいます。遠く山寺の鐘を遠音で楽しむなどは、そうした音源までの物理的空間をイメージしつつ聞いていることが多いものと思います。

林の中で聞く鳥の鳴き声や木の葉のざわめきには独特の響きが感じられます。これには理由があって、木々の幹に到達した音は四方八方に拡散します。すると、周囲の木の幹によってこの反射が次々と生じ多重拡散音場となります。遠くから聞こえてくる鳥のさえずりが響いたり木の葉のざわめきの臨場感が増すのは、この多重反射音の効果によるものと思われます。林の中の音響測定の報告には、音源から20 m以上離れた場所で、残響時間がコンサートホール並というものもあるくらいです。こうした音響特性は重視したいところです。

　別の側面へと移ります。先ず風による音への影響です。風は他の物体を媒介にして音を生じさせます。風は音の波を攪乱し、音の速度、振動数、届く距離を変化させます。たとえば、良く知られたところでは、松の枝葉に当たり回り込んだ空気の流れがつくる渦による音は「松籟（しょうらい）」と呼ばれ愛されてきました。この種の効果を人工的に狙った音の装置もあります。たとえば「風鳴琴」などがそれです。

　そうした音を受け止める時の聴能として、人間の聴覚が音圧に関わりなく、4kHzあたりの音に対して最も敏感で、これよりも低くても高くても感覚の感度は鈍くなることが分かっています。したがって、周波数が違ったときにその感度に近づけるには音圧を上げる必要があります。また、音源までの距離については、距離が2倍になると直接耳に到達する音圧レベルが6dB下がることも知られています。滝の落水や堰の跳水などの音響的楽しみ方が気になるところです。

　ところで少々話がそれますが、日本人は元来、自然の中の音に意味ある言葉としての声を聞き取ってきました。言霊、木霊、山彦などの言葉の意味するところがそれを物語っています。こうしたアニミスティックな言語生命観が根底にあるので、声や音に秘力を感じ神と私たちとの仲立ちに音や声を据えました。思いつくものだけでも「神社拝殿前の鈴吊り、巫女の鈴、鉦、祓い幣、榊（水をつけて振る）、柏手、祝詞、ケイヒツ、祭文、神楽等々」両手の指ぐらいは直ぐに上がります。また、これもよく知られていることです

が、日本語には自然に強く傾倒した擬音語や擬声語が沢山あります。水の流れる音、風の吹く音、雨音などを言い表す言葉には事欠きません。さらに「ききなし」といわれる、意味ある言葉に置き換えて聞こうとすることもあります。脳の研究者によれば、日本語文化圏で育ってきた人間は、左脳（言語脳）を優先的に使って自然の音を聞こうとする、とのことです。ウグイスの「ホーホケキョ（法、法華経）」コノハズクの「ブッポウソウ（仏法僧）」などは良く知られたところです。「ききなし」の選択では、鳴き声の中で、良く知られた意味ある言葉に近いものを優先する傾向があります。というのは、ウグイスにはさえずりと地鳴きに「縄張り宣言、威嚇、警戒、笹鳴き」など、継続時間と周波数の変化が特徴的な声のパターンが幾つかあります。が、そのうちの縄張り宣言（ホーホケキョ）が代表となっているからです。他の種類の鳥でも、発声状況に意味のある声のパターンが数十種類知られています。その他、鳴き声を鑑賞するものとして忘れてならないのが虫です。虫聴きで代表的な音の響きは、マツムシの「チンチロリン」、カネタタキの「チンチンチン」、カンタンの「リュウリュウ」、スズムシの「リーンリーン」などですが、各々独特の発声間隔で鳴き、私たちを楽しませてくれます。

景観体験把握モデル（聴覚）

さて、ここの最後となりますが、魅力

桂浜の潮騒

「静寂」という音

図2-2　聴体験の仕組み

余暇の風景学を考える

的な音に出会った時、その場で創意工夫をする——その参考となることを願って、私なりに整理した聴覚体験モデルの解説図を示してまとめといたします。

 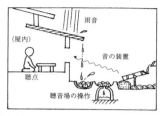

詩仙堂の鹿おどし（近音）

桂川の堰、越流と落水（近音～中音）

 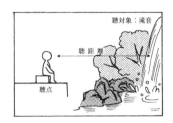

袋田の滝音（近音～中音）

 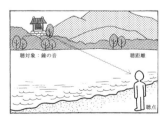

三井寺の鐘の音、湖上を渡る（遠音）

図2-2　聴体験の仕組み（つづき）

## 2-3. 触能の領域を広げる

　景観体験とは、映画やテレビ画面を見るのとはわけが違います。テレビや映画の中の画像とは生身の現実的な繋がりはありませんが、景観体験では生身の身体がある場所ある時間に目の前の環境の眺めと現実的な繋がりがあります。画像の中のものに直に触れたり、画像の中の大気に身を晒すようなことはできませんが、現実の景観体験は大気を感じ実際にものに触れるという喜びがあります。VR（ヴァーチャルリアリティー）の技術がかなり進んだ今日でも、やはり現実空間のリアリティにはかないません。

　さて、私たちは清らかな水辺を見れば、近づいて手のひらで水をすくってみたい、風に揺らぐ草木を見れば、艶やかな葉に触れてみたい、あるいは岩肌のゴツゴツした手触りを確かめたい、川原のかわいい小石を手にとってみたい、といった衝動に駆られます。雨や雪が降ろうものなら、指先で直にその冷たさを実感したいと思います。

　あるいはこんなことも日常で目にする光景です。うららかでのどかな日には、大気の暖かな感触を手繰って日だまりへと向かい、日射しの強い日には、木陰や水辺に涼を求め、居心地がよく魅力的な場所を見極めます。いずれにしてもベースとなる皮膚感覚というものが重要で、それが私たちの行為や行動と関わり、その場の印象にも大きく影響することは想像に難くありません。

　特に、温暖で湿潤な日本の風土のせいもあるのでしょうが、私たちは肌で感じる湿り気に敏感です。家のつくりにおいては湿り気を遠ざけることに苦心してきました。そんなこともあって、センサーである皮膚感覚を重くみました。その証拠に、触覚と関わるデリケートな擬態語がたくさんあります。ものの触感や質感に関しては「ザラザラ、ツルツル、ヌルヌル、ネトネト、ネバネバ等々」、地肌に迫る大気の感触には「ポカポカ、ヒヤヒヤ、ホンワカ、ジトジト、ベトベト等々」ざっとこのような感じですぐに浮かびます。

　感覚を大切にするということに関してはこんなこともあります。たとえば石畳の古い街道を歩く時、小砂利が敷かれた神社の参道を歩む時、足もとの感覚や足の裏から伝わる路面の感触は、気持ちや雰囲気を大切にする上で重

要な問題です。他にも地面から伝わる感触を大切にするケースがあります。砂浜、野道、川の土手、山中の道を散策するときなども、砂や土や草や落ち葉を踏みしめれば移動の味わいは深まります。日本庭園の延段や飛び石などは見た目の美しさとともに材質から受ける足裏の感触も重要です。都市の道でも、ピンコロ、レンガ、タイル、木レンガ、瓦、コンクリートの洗出し平版、ボードウォークなどの舗装材の持つ軟らかさや硬さや仕上げの状態などが心理的に微妙な影響をもたらし、心地よさの評価と大きく関わります。

　体感に視点を移しましょう。せっかく美しい眺めが得られても「暑い、寒い、蒸す」では楽しさも半減します。「涼しい、すがすがしい」ということであれば、気持ちのよい充実した体験となります。皮膚感覚や体感温度の状況がその場の居心地の良さや眺めの印象と大きく関わりを持つのです。

　寒暑や蒸涼などの大気の感触は、皮膚に接触する空気との熱収支や皮膚の発汗作用によって導かれます。したがって、気温、湿度、風、日射の総合作用に左右されるのですが、どちらかといえば寒暑感の方は風や日射に大きく影響を受け、蒸涼感の方は汗の蒸発に使われる身体の熱量に関わります。体感の度合いや状態を知る簡便な式が用意されています。

体感温度（℃）＝ $t - 4\sqrt{v} + 12j$
　〈風の影響を考慮した式。$t$＝気温（摂氏℃）、$v$＝風速（m／秒）、$j$＝地表面の受ける放射熱量（単位面積のカロリー／分）、係数は地表面の反射の程度で20の場合もある〉

体感温度（℃）＝ $t - 1/2.3 \times (t - 10) \times (0.8 - 湿度/100)$
　〈湿度80％の時に体感と気温とが一致するようにしたもの〉

体感温度（℃）＝ $t - 0.4(t - 10) \times (1 - 湿度/100)$

不快指数：$0.72(t + 湿球℃) + 40.6$

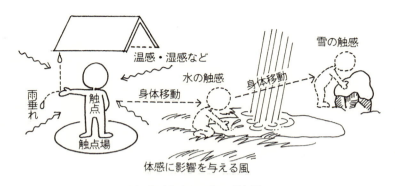

景観体験把握モデル（触覚）

**出雲大社参道の小砂利敷**
　足裏に伝う小砂利の触感
　かすかな音の心地よさ

**落ち葉の道**
　晩秋に出会う落葉敷き
　踏みしめ歩く、音も魅力的である
　紅葉狩りの心地よさ
（体感温度16°〜17°程度）

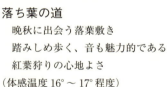

**桧木内川の花見**
　ほのかな桜香と川の微風がある
　花見の心地よさ
（体感温度13°〜14°程度）

図2-3　触体験の仕組み

また、風速1mで体感的には1℃下がる、湿度が10％低くなると1℃下がる、とそれぞれ言われています。

　しかし実際の体感はとてもデリケートで、花見頃の季節に気持ち良いと感じる温度（4月：12.8℃）や湿度と、秋の紅葉狩りの時の心地よさの温度（11月：16.6℃）や湿度とは違います。もちろん夏の涼しさを感じる温度（7月：21.2℃、8月：24.1℃）と湿度も微妙です。また涼しいといっても、風が絶えず吹き続けると涼しさが寒さに変わってしまうこともあります。

## 2−4．嗅能の感度を上げる

　匂いは景観を構成する要素からのメッセージの一つであり、心的な刺激、すなわち快、不快は言うに及ばず喜びや哀しみなど、情緒的に訴えかけるという機能の強さに特徴があります。また、興奮作用や鎮静効果を併せ持つなど、心理的にも生理的にも働きかけてきます。たとえば、フローラルやレモンやシトラスなどの透明で明るい印象の香りは重量感覚を軽く感じさせ、ウッディやスパイスなどの、深みがあり落ち着いた印象の香りは逆に重く感じさせます。さらに匂いは、それを受けることを契機として記憶の彼方に残る景観像を甦らせもします。匂いをきっかけに過去の風景をフラッシュバックするこの現象のことを「プルースト効果」と呼びます。その他、生活環境や食生活の影響を受け、化学的には同じ物質の匂いであっても、それが連想させるものによって匂いに対する嗜好は変わります。

　私たちは景観体験の中で種々様々な匂いと出会います。その嗅覚的状況を称して「匂香景観（スメルスケープ、アロマスケープ、フレグランススケープ）」と私は呼んでいます。匂香景観には特定の場所固有のものがあります。たとえて挙げれば、街中の雑踏の匂い、海辺の潮の匂い、森林の匂い、寺院のお香の匂い、お祭りの混沌とした匂い等々です。もっと個性的なものもあります。温泉香を代表する硫化水素（硫黄泉）は温泉情緒を醸し出すのに大いに貢献します。こうした例でもお分かりのように、匂い単独ではなく、特定の眺めと合成されて良い効果が生成されるものと思われます。

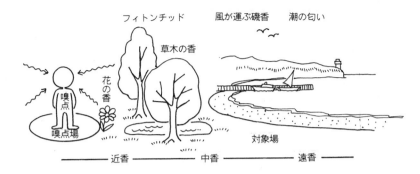

**景観体験把握モデル(嗅覚)**

**海の公園の潮干狩り**
　干潟の匂いと人々の歓喜が
　場を盛り上げる
　日差しも心地よい

**舟っこ流し(盛岡)**
　臨場感たっぷりの炎と煙と
　燃える匂い
　人々の歓声が場を包む

**箕郷の梅林**
　逍遙しながら梅香、梅花、
　梅が枝を愉しむ

図2-4　嗅体験の仕組み

さて、私が景観体験への嗅覚的効果と問われて真っ先に浮かぶのは森林浴です。私たちがその時受ける恩恵の筆頭は、何と言ってもリフレッシュ効果です。森林の眺めが放つ雰囲気、遠ざけられた日差し、木々の放出する匂いと澄んだ空気、これらがその母胎です。そこで先ず、その体験上の特徴を代表例として確認したいと思います。

　最初は森林の匂いと関わる環境浄化機能です。木々の葉は、目に見えない小さなごみや自動車の排ガスなどの大気汚染物質を吸収あるいは吸着し大気を浄化します。たとえば林縁の道路から発生する自動車の排ガス（ベンゼン、トルエン、キシレンなど）由来の成分も、林縁から奥に入るにつれて減少します。その上、樹木がある程度密集し幅30m以上の森林なら騒音の減衰効果も加わります。森林は直射日光を遮り、また、葉の蒸発散作用によって、木の周囲は熱を奪われ気温が林外に比べ低くなります。特に夏場は心地よい環境をもたらします。

　「森の香り」と呼ばれる森の匂いを構成する主たる化合物として、テルペン類、アルコール類、フェノール類、エステル類、脂肪酸類が知られています。初夏の頃に青葉アルデヒドや青葉アルコールなどが特化するなどの季節変動もありますが、年間を通じてテルペン類が主たる物質となります。いわゆるこれが「フィトンチッド」と言われているものです。このテルペン類の内、森の匂いとして大気中に揮発しているものは、$\alpha$－ピネン（たとえばヒノキ）、リモネン（たとえばオレンジ）、ミルセン（たとえばローリエ）、等せいぜい20種類ほどと言われています。尚、木から放出されたテルペンは、大気中ですぐに拡散し、森林の中でのテルペン濃度は数ppb～数百ppb程度だとのことです。これらは快適性増進作用物質として人に作用し、ストレスホルモン類の減少、ナチュラルキラー細胞の活性化などの働きがあると知られています。

　さて、木のテルペン放出量は季節によって変化し、春から夏にかけて多くなり、夏に最大、秋から冬にかけて減少します。これは、木に含まれる精油含量、照度、気温の多さ高さに影響されるからだといいます。また、天候に

よっても異なり、雨や曇りの日は晴れた日より少なくなるようで、雨の日は晴れた日の1/10～1/50程度であるとされています。

あと一つ、森林の立地特性について取り上げます。斜面林と平地林での違いです。傾斜のある林では、テルペン濃度が麓や林縁部で最も低くなり、中腹部が最も高くなるということ、木々が薄くなると拡散しやすいので、頂上に行くに従って低くなるということ、平地林では、林縁より奥に入るに従って濃度が高くなり、50～100mでほぼ一定になるということ、林内のテルペン濃度は林木密度に比例し、幼木よりも成木の方が高くなるということ、このようなことが知られています。

さて、私ごとですが、以前、横須賀市久里浜にある研究所に勤めておりました。私の研究室の目の前は数m先が海で、波の音も潮の香りもごく日常の体験でした。建物は堅い岩盤の上に建っていて、波返し型の護岸で敷地が守られていました。潮位の変動で岩盤が露出したりします。海の変化は、春夏秋冬、朝夕、天候と種々様々で色々な表情が楽しめました。ですから匂香の変化もデリケートなものでした。そうした経験から、潮の匂いに浸るのはけっして森林浴に負けるものではないと実感しました。海際で得る匂香浴の構成を確認いたします。

潮や磯の香りは、海水や海藻からの揮発成分から成り立っています。おおよそその組成は、有機ハロゲン化合物、テルペン類、硫黄化合物、窒素化合物、アルコール類、アルデヒド類、有機酸類であると言われます。香りを強く感じるのは、干潮時そして昼間の方が快適な香りを感じる傾向にあるようです。このことは潮間帯が干し出されて大気と接触し、揮発性物質がより多く大気中に放出されることと、昼間の方が生物の活動が活発であることとで容易に理解できます。光と潮汐が海辺の香りに強い影響を与えるということで、全国津々浦々、潮位差の多い少ないで潮や磯の香りが違うのも素直に頷けます。

続いても私ごとですが、私は雪国新潟で生まれました。新潟と言っても豪雪地帯ではなく海から内陸に20km程入った「新津」というところで、ほど

ほどの積雪のある場所です。

　さて、雪国育ちの人なら合点がゆくと思いますが、雪が降った翌朝、目覚めた時の匂いです。私の現在の住まいは「前橋」なので雪はあまり降りませんが、それでもたまの雪の日には幼い頃の匂いの記憶が甦ります。雪の匂いとは鼻の奥にツーンとくる匂いですが、これは窒素酸化物の混合体（ノックス：NOx）の匂いに由来します。空気中の酸素がオゾンになる際、同時に窒素からはノックスが生じます。オゾンはもともと無臭ですが、同時に発生するノックスがツーンとした金属臭を放つのです。これがオゾン臭とされているのです。で、雪は空気中の微量のノックスを付着しつつ降り地表に積もります。これが雪の匂いとされるのです。ですから、大気中に含まれる物質の状況によって、雪の匂いは都市、田園、山奥などで異なります。都会なら排煙の中に亜硫酸や窒素酸化物が多量に含まれるのでその匂いが、日本海側なら磯の香りの混在、広大な森林が広がっていれば、森林の匂い成分が混じることとなります。このように雪の匂いは、場所、環境、温度などに影響されます。やや高度かも知れませんが、故郷の雪の香を聞き分けるなども冬の楽しい貴重な瞬間です。

## 2−5．味能の意味をかみしめる

　私たちは日常的に景色も食事もともに「味わう」といいます。味わうには、味見をする、食べ物の持つうまさを嚙みしめながら食べる、物事の意義や趣を深く考える、玩味する、経験して深く印象に残す、などの意味があります。このように、この言葉は単なる味覚の問題に留まる言葉ではありません。そしてその評価に「うまし」＝「美し」が使われます。日本語では、「うまし」を人や事物に対する満足や賛美の気持ちを表すときに使います。良く知られているように、古くは日本書紀の中に日本を言い表して「うまし国ぞ、あきづしま大和の国は」とあります。満ち足りた良い国という意味です。味覚に関する言葉を少し手繰っただけでも、味覚印象も景観も同じ美的感覚で受け止める、そのような側面が見えてまいります。もう少し具体的にイメージす

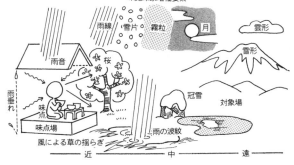

景観体験把握モデル（味覚）

瑞高山清水寺（山陰）
　背景ともども味わう

美保関燈台
　はるかな沖合、遠望ともども味わう

山並みハイウェイのドライブイン
　阿蘇、眼下の牧原ともども味わう

図2-5　味体験の仕組み

ると、たとえばこれを支えるのが人の手が入ることによる美しものへの変容です。原野や荒れた土地が生産性に溢れる美しい農地や佳き庭へと変化する、平凡な降雨や降雪が窓を得て美しい風景へと変身する、海藻や稲穂が刈られ干されて旨みに満ちたひと品やご飯へ変わる、といったことです。

こうして考えると、味わいとは様々な段階があっていいし、しかも重ねてゆくものと思います。そうして美的鑑賞（観賞）対象として食事や種々の風物を味わった先に「うまし」があるのでしょう。

さて、そうした考えの背景もあって、以前、日本美を醸す上で欠かすことのできない食と景観とのあわいを取り上げ『食文化の風景学』を著しました。味能の意味として、その書でのテーマの取り上げ方、章立てと概要を以下に記します。

私は、農家の軒端で目にする丁寧に干された柿や大根に風情を感じるし、千利休や小堀遠州などの茶礼に見る美意識と芸術化の問題にも興味があります。もちろん、伝統と格式のある料亭料理の雰囲気も、温泉宿の温かいもてなしも、都会の洒落たレストランの華やぎも、みんな大好きです。食と風景との結縁という意識で眺めると、様々な事柄が気になります。だから、私の興味に応じて、それに関連する事柄を時代も場所も自由にめぐって探しました。

「第1章. 感受と発露」では、眺める水や味わう水の話題を通して、五感的景観体験の楽しさを考えました。また、よい景色の発見など景観現象への高度な働きかけを支える知的レッスンの具体例を示しました。さらに、名水の地の訪ね方、風情ある水の楽しみ方、美味い水を前提にする酒とその酒が媒介する景観イメージ、そして水の原点としての「雨」の景観とともに楽しむ飲食行為についても言及しました。

「第2章. 解釈と操作」では、風景解釈の伝統を、音、看板、店舗、料理、背景、などの表象を通して考えつつ、人の視線と眺める対象との操作論的関係を探りました。もう少し噛み砕くと、音のシンボル性と食体験における役割、食の場面を演出する音の意味、品格や風土や季節などを反映する店構え、

# 食文化の風景学―目次

風景学の新たな地平 ── 中村良夫
味わいのレッスン
　── 風景を目利きし味の本質を見抜くことが健康な精神と身体をつくる
序章. 食と風景の美意識 ── 景観論としての「食文化」
　1. 食文化の読み解きと景観工学
　　　しなやかな学問として
　　　食と景のあいだに美は成立するか
　　　食と風景の相性と読み解きの符号
　2. 美し考 ―「味わう」ということ―
第1章. 感受と発露
　1. 名水遊行 ―風情ある水の味わい―
　　　五官能と「知味」[1]　　*1 人の知識や教養や感性に基づいて得られる知的味わい
　　　知味のさすもの
　　　和歌・俳句と水景
　　　景色と利き水の名人
　2. 酒催(さけもよい)[2]　　*2 酒食のとりもつ知的交流への誘い
　　　詩歌に見る風景のなかの酒
　　　絵画に見る風景のなかの酒
　　　酒のなかの風景
　3. 雨見(あめみ)の美学
　　　雨の道具立て
　　　雨遊(うゆう)[3] *3 心潤す美しい雨と出会いその風情を味わうこと
　　　時雨ごこち
第2章. 解釈と操作
　1. 音の紡ぐ「食」と「景」
　　　食の風景を支える音のレシピ
　2. ディスプレイの値打ち
　　　しつらいともてなし
　　　目食(もくしょく)[4]の楽しみ　*4 美しい食の演出を視覚的に味わうこと
　3. 食味筆筒
　　　知を耕す料理名
　　　食の美質を成す気色(けしき)[5] *5 職人の技と食事作法との織りなす趣

第3章. 体験と深度
　1. 花逍遙(はなしょうよう)
　　　「花」見るかたち
　　　食べるという環境
　　　創意工夫 ── 発見と転用
　　　知的覚醒 ── 美味と意味
　　　もてなしの実験 ── 食事景観のデザイン
　2. 干しの技巧
　　　連鎖する景色
　　　調合する五感
第4章. 規範と観賞
　1. 「気」のなかの食事
　　　気と真味[6]　*6 外気に包まれ、人の気配とともに食を楽しむという、野外特有の臨場感を五感全体で受ける味わい。
　　　野外調理の心得
　　　気と食事環境の演出
　2. 食とシークエンス景観
　　　惹かれ、高め合う食と景
　3. 「まる」と「しかく」 ―美味の理を考える―
　　　眺めとしての枠と型
　　　景色の納め方 ―生け捕り―
　　　絵画の背景に学ぶ ―意味を語る背景―
　　　器と視覚
第5章. 様式と意匠
　1. あかあかや
　　　「あか色」の器量
　2. 白の美と色香
　　　白のそれぞれ
　　　乾坤を満たす「白」と視覚のレッスン
　3. 夜景遊宴
　　　夜景の古典
　　　現代の夜景の味わい
　4. 目のご馳走 ―たとえば湯煙の名山―
　　　湯のなかの視線

あとがき

図2－6　『食文化の風景学』―目次

品揃えなどの記号性とディスプレイ手法、食の場面を引き立てる背景、となります。特に、名前の宿す風景イメージや味覚印象の増幅効果を言語化の問題として考えました。

「第3章. 体験と深度」では、飲食の場面を支える演出装置、花見の古典的体験モデルと「花」観賞の景観構造、食材生産における伝統と技術などに学びつつ、景観体験の質を高めるための知的レッスン、知的情報の授受、空間の持つ社交性について考えました。

「第4章. 規範と観賞」では、眼に見えない気配がその場の印象を大きく左右する問題、視線の規範と飲食行為の規範との交わり、眺める行為に取り込まれる「食」の意味、美しい眺めを導く「枠取り」の方法や眺めの「型」、などについて考えました。

「第5章. 様式と意匠」では、食具や景色など飲食の道具立てにおける色の問題、そして他章で拾いきれなかった話題を二つ、「夜景遊宴」と「目のご馳走」と題して取り上げました。

参考までに目次を添付いたしましたが、各章のタイトルや見出しにも「景観論」としての趣向と気持ちを込めたつもりです。様々な視点で食と風景を行き来した様子を汲み取って頂ければ幸いです。

さて、私たちが共有してきた風景の美しさや食事の幸せは、あらゆる領域で人類が生産してきた知恵のたまものです。が、現代は人類の生存環境が混沌とし、国々の美しい風景遺産や食のアイデンティティすら危うい状況にあります。こういう殺伐とした世の中であればこそ、食べることと風景との関わりの本質的意味を問う心の時間が必要であろうと思います。時代時代で新しい風景観や食事観の誕生を見てきたように、現代の私たちにもまた、風景と食の手になる文化の蓄積をもっと良いものに育てて次世代へと引き渡す義務があります。「美し」の言葉の導くままに、景観研究者としてよき観法を身につけ、その羅針盤の一角を担いたいと思います。それと、繰り返し強調しますが、食事とは五感を使う喜びの場です。彩りや匂いや音などを享受するための感覚はもちろんのこと、たとえば箸という食具の一つをとっても、

それが指先の感触の延長として食べ物の固さや柔らかさの知覚と不可分です。しかも仕草一つ一つが美的対象となります。風景の美しい体験もまた身体感覚をもって楽しむのを常とします。だから、食と風景とを結べば五感の重層化が図られ、美観も味わいも一段と深みを増すはずです。一人一人が自分の感性と美意識を高めるためにも、土地土地の景色や食を精度の高いセンサーで極め、五感の歓びを現実のものとする努力が重ねて求められるのです。しかしその美は解明され尽くすと味気ないものになるかも知れません。やはり、想像力を働かせる余地は残されていて欲しいと思います。何故なら、食は命の、景観は心の、明日を生きるための糧であり、その交わりならなおのことと思うからです。私は、食と風景とを結ぶ表象、あるいは先達が苦労して積み上げてきた創意工夫や美的表出に出会う度に、この国に生まれし幸運を思います。

## 2-6. 感覚の協働化から風景の味わいへ

　私たちは外界から感官へ様々な刺激を受けます。五感は相互に関わり合い、刺激が頭の中の編集過程を経て景観体験が成立します。たとえば前に扱った森林浴などは、視覚として樹林の眺めやバードウォッチング、聴覚として鳥のさえずりや木々のざわめき、嗅覚としてフィトンチッド、触覚として大気の爽やかさ、味覚として好きな飲み物で構成されます。あたりまえの話ですが、これが感覚の協働化の「素」となり「風景浴」へと結ばれます。

　もう幾つか例を挙げましょう。私は雨の風景がもたらす静かな時間が好きなのですが、そこにも、五感による色々な楽しみ方があります。たとえば縞模様に降る雨、艶めく地物、水溜まりなどの降水現象の視覚的多様性、雨が発生させるリズムや音色、湿り気で高まるものの匂い、肌にまとう大気の感触、そうした環境の下で静かにお茶を飲む、などを指します。

　私は、名水を訪ねおいしい水を飲むことにも目がありません。ところで、うまさを感じるための状況や水の性質については、常識的に知られていることがあります。喉の渇き具合、水と体温との温度差（20℃〜25℃程度）、体

内の水分バランスが崩れた時の脱水状態などの生理的感覚、水道法でいう硬度（炭酸カルシウムに換算して、1度は1mg／1L、概ね30〜100度位が評価が高い）、さらに炭酸や含有酸素などの微妙な味覚効果、カルシウムなどの働き、といった科学的な性質が持ち出される場合もあります。こうした意味での安全でおいしい水を得るのはコンビニも自販機もありますので容易です。一方、湧き水の味覚印象には季節感覚もあります。地下水温は、その地域の年平均気温に近似しているため、温度からくるおいしさも季節によって異なります。ですから、湧水の眺め、噴出や滴りの音、水場に満ちる大気の匂いや感触、手ですくって飲む、といった五感的楽しみ方にも季節変動があります。水を愛でることにおいては、一般的に手足だとか口で水の冷たさを味わうのは夏、それ以外の季節は眺めることが勝ります。

　ここまでの話は主として五感による味わいです。しかしもう一歩進めて考えたいのは「風情ある水の味わい」です。この時の「美し水」の味わいは「五感味」＋「知味」によってもたらされるものと私は考えています。それは単なる味覚印象に留まらず、感官への刺激からその場で浮かぶ想念の作用までをも含むものです。言い換えれば、各自の知識だとか教養に基づく種々の言語情報の奏でる知的反応です。ずばり申せば、湧水の場で由緒書きを読むと有り難みが増す、ということです。

　さて次に、公園や街角など日常空間からピックアップしましょう。そこでは、場所の持つ特性の重なりによって、複合的且つ重奏的な五感の効果を期待できる場合があります。たとえば「水際」の「木陰」です。水際も木陰もそれぞれ単独でも固有の居心地の良さをもたらします。が、双方が重なり結びつくと、感覚の重奏が生じます。体感温度や湿り気や樹木の匂いなどが合わさって、厚みのある新たな心地よさが生まれます。あるいは街角に、人々の集う覆い屋のある場所を用意すれば、ある時は日射を防ぎ、またある時は雨宿りの場になります。人々は日差しを遠ざけ風を引き込み涼しさを楽しむ、濡れを遠ざけ湿り気を引き雨音を楽しむ、という五感で味わうひと時を過ごせます。こうした場所を日々の暮らしの中で見つけておけば、楽しみの幅が

広がります。

　思い立てば、ごく身近なところでも、川や池などの親水空間、涼を求めたりひだまりを楽しむ公園緑地、四季折々の花の名所、日の出や夕暮れを愛でる場所、雨や雪や風や霧が映える場所、などの幾つかが発見できるかも知れません。朝昼夕夜、春夏秋冬、種々の天候であっても楽しめる場所があるということ、これで充実した時間を過ごす下地の完了となります。

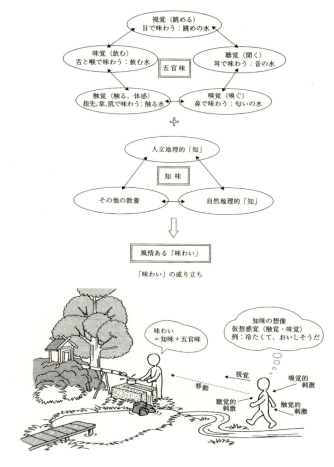

図２－７　感覚の協働化・味わいの成り立ち・名水体験モデル

余暇の風景学を考える

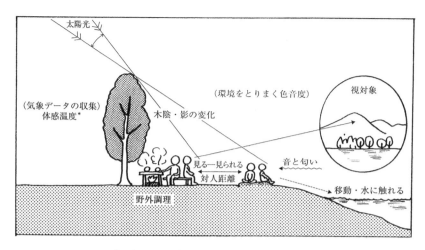

「気」の中の食事－野外調理（自然空間）

「気」の中の食事－オープンカフェ（都市空間）

図2−8　「気」の中の味わい

# 第３章．地域の中で風景を愉しむ

世に知られた景勝地、いわゆる「佳景」の風景はどのように眺めても楽しく、体験する上で何ら制約を受けるものではありません。ですが、景観を学び始めた頃の私自身の経験から申しますと、そうした、自分の好みや判断の重要性は承知しつつも、一方で観賞のための何らかの手ほどきを受けることの必要性を痛感いたしました。どういうことかと言いますと、先人の残した立地的・地理的特徴に適した眺め方の事です。それを知っておけば楽しみ方の幅が必ず広がります。各々の景勝地が有する歴史・文化的資源も見逃せませんが、それは他書に譲り、ここではもっぱら"眺め方の養い"を景観体験という観点に絞って考えることにします。

## 3－1．日本三景の視覚様式
　選りすぐりの名所では古くから伝わる眺望点や共有された眺め方が知られています。そこで、導入として日本三景をモデルにします。日本三景はいずれも海辺の風景と関わります。北から順に眺めてまいります。

### a. 松島
　海蝕崖と松が特徴的な多島海式の景観で知られる松島は、島々の風情を、春夏秋冬、朝方、昼、夕刻、種々の天候で、湾沿いの色々な場所から、あるいは船で島々を縫うように巡って楽しむことができます。こうしたメニューの中から、自分なりに目星をつけて楽しみを見つけ出せば良いのです。が、幸いなことに松島には19世紀に仙台藩の儒学者舟山萬年の選定（『鹽松勝譜』）が起源とされる「四大観（4カ所の眺望点と眺めの呼称）」があります。そこでの視覚構造は、自分なりの観賞方法を考える上での手助けとなります。四大観とは具体的には富山（117m：麗観）、大高森（105m：壮観）、扇谷（56m：幽観）、多聞山（56m：偉観）を指します。標高をご覧いただくと分かりますが、高いところで海抜100m強です。しかし予想に反して、実際に行くとそれなりに骨の折れる登りです。それでも、汗を拭きつつ頑張って展望台に至れば、眼下に素晴らしい俯瞰景が展開します。呼吸を整え海風が運ぶ匂いが胸に満ちれば、景色の味わいは一層増すことでしょう。

余暇の風景学を考える

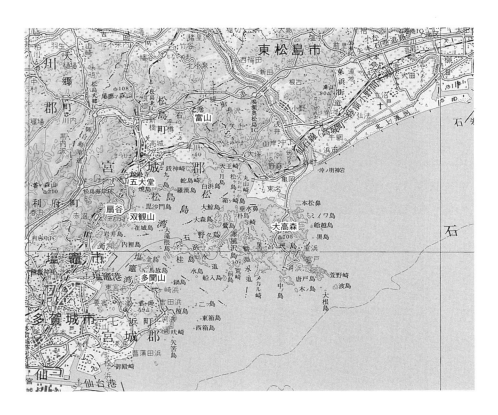

図3-1　日本三景「松島」

①富山からの眺望「麗観」
②大高森からの眺望「壮観」
③扇谷からの眺望「幽観」
④多聞山からの眺望「偉観」
⑤双観山からの眺望
⑥船上から
⑦五大堂を望む

図3-1　日本三景「松島」（続き）

さて、このように多島海式の景観では俯瞰景が基本となりますが、その理由は単純です。つまり低い視点ですと手前の島が後ろの島を隠すなどして眺めを楽しむにはしばしば不利な条件となります。そこで、島々の重なりを回避するには視点位置をある程度高くする必要があるのです。富山から水平線までの視距離は約42km、多聞山で約29km、島々の散らばりを楽しむに充分な水域が視界に入ります。

b. 天橋立

天橋立は、宮津湾と内海の阿蘇海を南北に隔てる湾口砂州の眺めで知られています。砂嘴の形状などが創り出す地理的面白みを、高台から眺めたり、船上から眺めたり、あるいは約3.6kmの砂嘴に植わる松林をゆっくり歩きながら楽しむことができます。そこには海風や匂いもさることながら、樹間越しの水面や砂浜、途中に湧く「磯清水」など五感で味わう楽しみがあります。

ところで天橋立にも近世に選定された眺望点として「三絶（特定の経緯について諸説）」が伝わります。今現在で名の知られた眺望点の標高とそこからの眺めの呼称は、成相山の傘松公園（約130m：斜め一文字、昇龍観）、文殊山の天橋立ビューランド（約132m：縦一文字、飛龍観）、大内峠の一字観公園（約171m：一字観）です。雪舟の「天橋立図」を想定した東側からの眺めとして、いわゆる「雪舟観」もありますが、実際にそこから眺めて見ると、絵と実景との違いに少々戸惑いを覚えます。このように天橋立の眺めにおいても俯瞰景が先ず挙がります。ただ、島々の散らばり等を楽しむ松島と違って、砂嘴の地形的特徴を図として味わいます。

さて、こうした眺めで大切なのは、見る対象との視覚的関係です。具体的には見下ろす角度（俯角）と視野内で見込む角度（水平見込み角、鉛直見込み角）を言います。俯瞰景で重要とされるのは、視軸の中心視として（－8°～－10°）、俯瞰の一般上限（－2°～－3°）、俯瞰の一般下限（－30°）、俯瞰の最大下限（－45°）です。また、対象の張る角度では水平見込み角20°鉛直見込み角10°が重要で、目安としては、手を伸ばして手のひらを横にして手前に向けたときの大きさになります。それと、手を伸ばしたときの拳骨

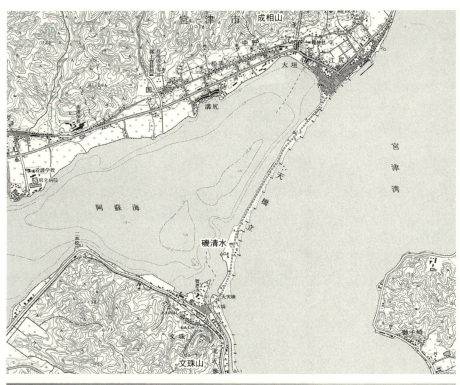

図3-2　日本三景「天橋立」

余暇の風景学を考える

①文殊山からの眺望「縦一文字」「飛龍観」
②成相山からの眺望「斜め一文字」「昇龍観」
③一字観公園からの眺望「一字観」
④樹間越しの眺め
⑤名水「磯清水」

の大きさにほぼ等しい水平見込み角 10°以下では主対象となりにくいとされています（第2章、「視能の精度を高める」を参照）。

### c. 安芸の宮島

　古代の山岳信仰に端を発する霊域の宮島は、弥山（みせん）（標高 535m）を主峰とする周囲約 31kmの島です。山のシルエットを観音菩薩の寝姿とするなど、ありがちな見立てはあるものの全体の形姿にはとりたてて特色はありません。が、何と言っても海中の巨大な朱の鳥居や弥山を背に、入り江にはめ込まれた寝殿造りの社殿の華麗な構えが目を引きつけます。この厳島神社を含めて海際に点在する聖地を船によって巡礼することを「御島めぐり」といいます。

　さて、この島では性質の異なる二つの領域での眺めの楽しみがあります。一つは海の領域であり、主体となるのが厳島神社境内です。もう一つは山の領域であり、弥山山頂からの眺望です。前者での観賞の要点を列挙すると、海上からの建築群の眺め、廻廊を移動する時に現れる鳥居や建物の見え隠れ、平舞台から見る客神社（まろうど）と五重塔、それと、何と言っても潮の干満によって現れる現象が見逃せません。真水の湧く鏡池、飛び石、護岸の設え、建物の束や支柱、鳥居の根元の露出などがそれです。脇役ながらそれらは、積み重ねられてきた先達の巧みの技をありありと見せてくれます。そして潮が引いて現れた干潟を澪筋沿いに鳥居まで進み振り向けば、正面に座す社殿は満潮時とはうってかわった趣を放ちます。

　一方、後者の方の見所は、厳島神社の裏手から山に分け入るところから直ぐに始まります。主な要所を列挙すると、紅葉谷（庭園砂防）の眺め、所々で眼下に目にする海原、弘法大師ゆかりの霊燈及び弥山本堂境内、不動岩やくぐり岩などの奇岩、です。そのアプローチを経て山頂に至ります。山頂からの眺めに関しては、かつてこの地を愛した伊藤博文が「日本三景の一の真価は弥山頂上からの眺望に有り」と、眼下に望むその俯瞰景観を絶賛したとあります。山頂からは程良い俯瞰景で、対岸や島影を一望の下にすることが出来ます。

余暇の風景学を考える

図3-3　日本三景「宮島(厳島)」

前頁①〜④

　　船上からの厳島の眺め
　　〜「厳島神社」境内

⑤〜⑧

　　「厳島神社」境内の干潮時の眺め

⑨〜⑪

　　紅葉谷（庭園砂防工）〜弥山山頂

図3−3　日本三景「宮島(厳島)」(続き)

さて、以上のように、日本三景における視覚様式としては、視点のあり方として、先ずシークエンス景観を楽しむ動的視点が挙げられます。これは船で移動しながら外から対象を眺める外的視点と、視対象の内部に進んで、移動しながら外を眺める内的視点にわけられます。ここでは、視点の移動によって見出される偶発、偶然の面白味が大切にされます。また、展望台のような固定視点があります。この場合特に重視されるのが、眺めの主役が視野の中に程よい大きさに納まるということです。他に注目したいのは、時間的な景観変化の重要性と眺めに名称をつけるなどの遊びです。

## 3-2. 借景と枠取り
### a. 借景

眺望景観の様式の一つとして「借景*」という言葉が広く使われています。一般的なその解釈は、遠くの際だった山や海や田園と、前景や近景とが合体して一つの構図としてのまとまりを持った風景の成立を言います。有名どころでは円通寺（京都市左京区）の方丈・客殿と比叡山、慈光院書院（奈良県大和郡山市）と高円山・城山、仙巌園（鹿児島市吉野町）と桜島中岳、成美園（青森県平川市）と津軽平野などがあります。そこにはどのような仕組みがあるのでしょうか。

借景の手本とされる円通寺庭園では、聖なる比叡山をシンプルな前庭と結びつける構図となっています。仰角約7.5°、顔を僅かに上げる程よい角度で山を仰ぎます。偶然にも、仙巌園からの桜島中岳も仰角約7.5°で仰ぎます。さらに前者では高さ約1.6mの籬（混ぜ垣）と方丈の軒線、そして杉木立で絞り込んでいます。後者でも、生垣が見切り線となっています。両者とも遠借・仰借の優れた例です。津軽平野の成美園は俯借・隣借と言えましょうか。

この種の借景で重要な景観構造を整理してみましょう。一つには前景や近景と遠景（眺望対象など）との間に凹地ないしは高低差があること、二つには築山、生垣、塀などの見切りとなる何らかの介在物があることとなります。そもそも借景とは偶然の結果、偶発的に生じた取り合わせの妙や面白さに美

①円通寺：前庭は、伏石を中心とした40石ほどの海石を配す「平庭枯山水」、比叡山は四季折々、気象、時刻など変動要因によって、その表情が移ろう。

②仙巌園：錦江湾を介して「活きた桜島」を望む、尊びの「仰借景」である。

図3-4　円通寺庭園

余暇の風景学を考える

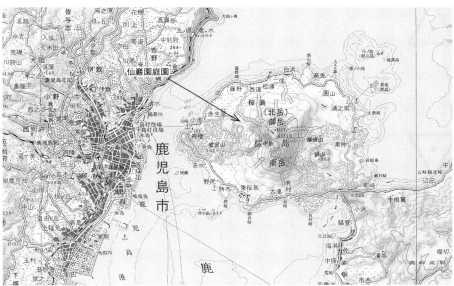

図3-5 仙巖園庭園(磯庭園)

的な意義を見出し、それを洗練した人為的手法ですが、これまでにストックされた事例に学び、たとえば溜め池の堤防や高速道路の盛り土の向こうに山を取り込むなど、地図を片手に目星をつける、あるいはたまたま発見する、など意識して風景に関わりを持つことをお勧めしたいと思います。

b. 枠取り

　建築物の内部から眺める際に、円や四角の開口部による「枠取り（＝見切り）」という風景の選択行為が、一見凡庸である眺めを美しく変えてくれることがあります。そこにある視覚様式は「借景」とも関わります。たとえば前述の円通寺などが良い例です。軒線や木立などの道具立てによって枠取り、一幅の画のように仕立て上げています。こうした枠取り方法を考え楽しむ「創景」とでも呼びたい文化創造の喜びを、日本の風景文化は随分昔から手に入れてきました。たとえば鞆の浦の対潮楼（広島県福山市の名勝）、和歌の浦の観海閣（和歌山市、紀三井寺の拝殿、観月の場）、松島の観瀾亭（宮城県松島湾、伊達藩主の観月の場）などにその典型を見ることができます（図3-6～3-8参照）。

　枠取りの手法をもう少し具体的に眺めてみましょう。実際のところ、景色の生けどりの実践にはとても難しいものがあります。が、この種の効果を狙った実例が幾つか知られているので確認してみましょう。茨城県大洗町にある大洗美術館の『風景窓画』がその一つです（図3-9）。ご覧の通り、海側の壁に刳られた嵌め殺しの窓です。金の額縁が装着されており、約300号（縦148cm×横270cm）の大きさがあります。

　風景画のごく標準的な鑑賞形態からいうと、風景画を眺めるには当然のことながら画面の大きさに見合うだけの「引き」が要求されます。この場合、引きとは絵から離れる距離のことであり、そこに眺めの位置（視点）が置かれます。であるとするなら、ここで展開する体験とは手短に言えば窓の外の眺めを絵画に見立てた観賞行為なのですから、必然的に『風景窓画』でも丁度良い視点の範囲が想定できることになります（言うまでもありませんが個々の鑑賞者に帰属すべき各人各様の好みの視点を否定するものではありま

余暇の風景学を考える

図3-6　対潮楼（鞆の浦）

図3-7　観蘭亭（松島）

図3-8　観海閣（和歌の浦）

せん)。そこで手がかりを与えてくれるのが、視対象の構図的納まりのよい視角(水平見込み角 20°×鉛直見込み角 10°)や視野指標として一般的に用いられる 60°視錐などです。この数値を参考に『風景窓画』を眺める位置を考えてみましょう。

窓外が海の景色なので水平方向の角度に重きを置きます。水平見込み角 $\theta$ は次式で与えられます。

$$\theta = 2\tan^{-1}(W/2d)$$

W：窓の幅、d：視点から窓までの距離

結果、窓枠＝額縁が視対象として働く $\theta = 20°$ で、窓からの距離 d は約 765cm、窓枠が額縁としての意味を成さず窓の外に視対象を望むほぼ最大の角度 $\theta = 60°$ で約 234cm となります。したがって、窓から離れること 234cm〜765cm が一応の目安となります。その間で気に入った観賞点を選ぶことが枠取りの景観体験にとってよい効果を生むでしょう。

さて、こうして選ばれる視点で目の当たりにする光景はどのようなものか、次に観賞の中味の説明に移りたいと思います。おおざっぱではありますが、主要な景観構成要素を拾い上げてみます。

画面前景から遠景に向かって、磯場にあってひときわ目を引く赤い鳥居(大洗磯前神社の磯の鳥居)、その周囲の岩場で遊びに興じる人々、寄せては砕け散る波、沖合を行き交う船舶、彼方の水平線(水平線までの可視距離 $= \sqrt{h} \times 3.9$km　h：視点の高さ(m)、仮に、『風景窓画』を眺める視点位置が海面から 4m とすると水平線までは 7.8km、5m とすると 8.7km となります)、そして刻々と移ろう空の色となります。

それらをよくよく総合して眺めると『風景窓画』とは、単なる「絵画見立て」ではなく、まさに眺めの生け捕りに相応しい動的で臨場感にあふれた『移ろいの名画』なのであることが実感されます。

風景観賞の主体をなす視覚的な説明の概略は、以上をもって済むと思いますが、この種の景観体験で他に忘れてならないことに五感的効果があります。この場合それは視覚像が引き起こす仮想的な感覚であって、窓外の光景が契機となり、実際には聞こえるはずのない波の音、感じるはずのない海風の感

↙ 金の額縁

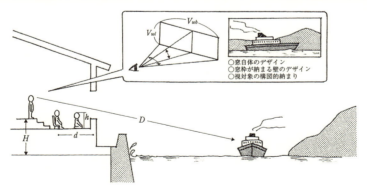

$D$：視対象までの視距離　　　　　　$h$：視点の位置
$H$：視点場の高さ（視対象との比高差）　$V_{vel}$：窓・開口部の縦の大きさ
$d$：窓・開口部までの距離　　　　　　$V_{veb}$：窓・開口部の横の大きさ

図3-9　『風景窓画』と枠取りの操作

触、嗅ぐはずのない潮の匂い、が想起されることによって生じるイメージを協働させ感受することを指します。視覚像以外を遠ざける嵌め殺しの窓に特有の五感的効果と言え、それがここでの観賞方法のベースを成しています。

　＊借景とは中国、明時代の計無否の著『園冶(えんや)』（初め『園牧』と称す、後に『園冶』として1635年初版）の末尾に初めて現れたもの。遠借、隣借、仰借、俯借の四種に分けている。

## 3－3. 八景式観賞法

　普段何気なく見ている日常風景の中にも美を見出す工夫を考えましょう。凡庸とした、あるいは茫洋とした眺めの中にも風景の美しさを読み込む古典的な手法に八景式観賞法があります。ご存知の方も多いと思いますが、ある地域の八つの美しい風景を捉えて「何々八景」といいます。八景式とは、眺めの構造や構成に一定の様式を含ませて、優れた眺めを選び出し併せて体験方法をも示すことを指します。モデルは中国の「瀟湘八景」で、この観賞方法が日本に入ってからもう五百年以上もたちますから観賞方法の古典といっても差し支えないと思います。時代も地域も超えて広まりました。

　この観賞法で重要なことは、美的体験を与える観賞地点を発見し、そこでの体験をさらに高める条件や体験方法を求めるところにあります。季節や時刻や気象など、眺めを魅力的にする演出条件や、視覚的な楽しみ方や聴覚的な楽しみ方をあれこれ探し求めるところに面白さがあります。風景を変化させるのはお分かりのように変動要因や添景ですが、モデルとなった瀟湘八景では「落雁、帰帆、晴嵐、暮雪、秋月、夜雨、晩鐘、夕照」となっています。「落雁」とは秋に雁が隊列を組みながら飛び来たり飛び去る姿、「帰帆」とは夕刻に船が湊に戻ってくる様子、「晴嵐」とは晴れた日の霞や霧、あるいは青葉の頃に吹く薫風、「暮雪」とは夕暮れ時の雪景色、「秋月」とは秋の夜空に冴える満月を望む様子、「夜雨」とは夜に降るしめやかな雨の情景、「晩鐘」とは寺鐘の鳴り渡る暮れ方の風景、「夕照」とは地物がみな茜色に染まる美しい夕映え、です。それらの環境条件や観賞方法が美的体験を支援するものとして見出されました。そこに流れているのは移ろいの風景を五感で観賞す

## 八景における変動要因と五感

| 変動要因 | 視覚 | 添景（味覚を除く） | | | 時間 | | 天候 | 近江八景 | 金沢八景 |
|---|---|---|---|---|---|---|---|---|---|
| 瀟湘八景 | 視覚 | 聴覚 | 嗅覚 | 触覚 | 季節 | 時間 | (気象) | | |
| 平沙落雁 | 雁 | 鳥の音 | | | 秋 | (夕) | | 堅田青嵐 | 平潟落雁 |
| 遠浦帰帆 | 船 | | | | | 夕 | | 矢橋帰帆 | 乙艫帰帆 |
| 山市晴嵐 | 雲 | 風の音 | | 風の体感 | 春/秋 | 昼 | (嵐) | 粟津青嵐 | 州崎青嵐 |
| 江天暮雪 | 雪 | 雪の静寂 | 降雪の匂い | | 冬 | 夕 | 雪 | 比良暮雪 | 内川暮雪 |
| 洞庭秋月 | 月 | | | | 秋 | 宵 | 晴 | 石山秋月 | 瀬戸秋月 |
| 瀟湘夜雨 | 雨 | 雨の音 | 湿った匂い | | | 夜 | 雨 | 唐崎夜雨 | 小泉夜雨 |
| 煙寺晩鐘 | (寺) | 鐘の音 | | | | 夕(夜) | | 三井晩鐘 | 称名晩鐘 |
| 漁村夕照 | 夕焼 | | | | | 夕 | 晴 | 瀬田夕照 | 野島夕照 |

図3－10　八景式観賞法－変動要因と五感・瀟湘八景・近江八景・金沢八景

るということです。地形が細やかで季節変化に富む日本の風土は、この観賞方法が流布するのに好都合でした。

　四季を舞台として、雨が降ったり、雪が降ったり、風が吹いたり、夕映や夜もあります。このことが意味するのは、春夏秋冬、春でも夏でも秋でも冬でも、どこか楽しいことがあるということ、また、雪が降ったときも、雨が降っても、風が吹いても、朝の日の出も、夕暮れも、夜も、一日の時間帯の中で楽しいことが味わえる場所が必ずあるということ、です。これがこの観賞方法の教えてくれる最も重要な点です。

## 3－4．シークエンス（継起的）体験

　特定の視点場からの眺め、いわゆるシーン景観として楽しむ風景とは別に、身体の移動に伴い継起的に展開する眺めを楽しむシークエンス景観があります。車や列車や船の移動につれて、あるいは歩きながら目にする景色の変化のことを言います。速度の違いはありますが、どちらにしても一定の時間を要するので、時間消費という意味では価値ある贅沢な楽しみ方といえます。

　速度の速い前者では、通り過ぎてゆく景色を見送る楽しさ、矢継ぎ早に過ぎ去る前景や近景の面白さとともに、ゆったりと視線に絡む中景や遠景が気持ちの良いものです。自動車や列車などの窓際の持つ心地よさの一つです。新しい移動手段を手に入れ利用方法を工夫するたびに発見する心躍る眺め、そうしたシークエンシャルな景観を手にすることのできる私たちは幸せです。国土にくまなくゆきわたる道路や鉄道は、都市や田園をめぐり山河を駆け抜けます。道すがら、例えば車窓はいろいろな景色と戯れると同時に枠取りをします。沿道や沿線に展開する風景は実に豊富です。稲作、麦畑、茶畑、野菜畑、果樹園等々の、地域地域で現れる農作物の景色、雨や雪などの気象現象、新緑や紅葉をはじめとする四季折々の風情、日の出や夕映えもあります。この風景の情報を私たちは頭の中で編集し、記憶してゆくことでしょう。継起的に展開する風景を人は好みのままに内部化します。車窓が取り持ち移動が書き上げる景色の文脈を読み取り楽しむ作業なのです。そう思うと、幸

せなことに私たちには、よく知られた観光鉄道、遊覧船や湾内クルーズ、船下り等々、全国各地に豊富なメニューが用意されています。
　もう一方の歩きながら楽しむシークエンス景観には、じっくりと味わう体験が待っています。旅先の観光地での散策は、歩くこと自体が楽しいものです。イメージしていただけるよう私自身の経験から思いつくものを幾つか上げると、雨が降るのを待って歩いた長崎のオランダ坂、「川瀬巴水」の描いた場所を確かめた尾道の坂や階段、大きくて真っ直ぐに伸びた杉が、これまた真っ直ぐに続く参道に並ぶ戸隠神社で得た清謐な感動、圧倒的な階段に驚いた山寺（立石寺）名だたる武将の御霊に浸る高野山奥の院への道、全身に汗した記憶が強く残る比叡山、金比羅宮、室生寺、羽黒山神社、榛名神社等々、曰く言い難い熊野古道の醸す深遠で謎めいた骨董感、立山の登拝も忘れられません。それらの体験は、数日から数時間まで様々ですが、何かのきっかけで時折頭に浮かぶ大切な景観体験です。

余暇の風景学を考える

長崎、雨のオランダ坂

戸隠神社参道の杉並木

尾之道千光寺坂（川瀬巴水）（大正11年：1922）

同所の現在

図3－11　シークエンス景観体験の楽しみ

高野山

比叡山

榛名神社

熊野古道

山寺(立石寺)

金比羅宮

室生寺

羽黒山神社

霊峰立山

図3-11 シークエンス景観体験の楽しみ(続き)

第４章.「時の縁(ふち)」で風景を愉しむ

日々の暮らしの中で出会う風景の中に美を見出せれば、それはそのまま満ち足りた時間の過ごし方に通じます。ここでは日常生活の中で楽しむ風景について考えを進めてまいります。毎日の風景とは、言うまでもなく日々訪れる朝から翌朝までの間の眺めのことを指します。たとえば私自身を例とすると、少し早起きをして日の出を迎える、仕事を終え夕焼け小焼けを眺めつつ家路につく、家に帰り家族団欒で月夜を楽しむ、あるいは散歩の時、近所の公園で雨に濡れる樹木や綿帽子を被った石の面白い光景を見かける、等々の平穏無事の幸せな眺めが浮かんでまいります。そうした何気なく過ぎてゆく風景の中にも美を見いだすということ、言うなれば目の付け所ですが、それについて考えてみたいと思います。尚、検討するための風景モデルとして、本書では上巻で「朝と夕」下巻で「月と陽」と「雨と雪」を取り上げることといたします。さらに、楽しみ方の幅を広げ且つ深めるべく、風景の目利きである風景画家の眼差しからも学びたいと思います。その理由は単純で、名所風景の楽しみ方を種々様々な側面から知ることが出来るからです。たとえば葛飾北斎（1760〜1849）、歌川広重（1797〜1858）、小林清親（1847〜1915）の風景版画を思い浮かべていただければお分かりでしょう。四季、朝夕、色々な天候の下での、活き活きした風景が描かれています。ただしここで、江戸時代の作品を参照することには些かためらいを感じます。と言うのは、そうした絵画は既に古典の観があり、絵の中の風景は今現在と乖離した古めかしさを否めません。小林清親をしてもそのイメージは拭えません。加えて、展覧会や画集その他解説書を通じて、山ほど紹介されていることも理由の一つです。そこでここでは今現在の風景と現実的な繋がりがあり、彼ら先達と同じく天候や朝夕の風景描写を得意としたという点で本書の趣旨にも添う、「川瀬巴水(はすい)」（1883〜1957）を取り上げることといたしました。以下に、選んだ理由を兼ね、少々紙面を割きますが、巴水の風景版画の魅力を掻い摘んで紹介いたします。

　巴水は「旅の版画家」とか「旅情詩人」と呼ばれています。約40年にわたって旅を重ね、四季折々の風景や風俗を描いたその風景版画は、旅情性に

溢れ情緒豊かに見る者に迫ります。そこに流れるのは郷愁を誘う眺めです。どのようなことかと申しますと、現代のわれわれにとっては今や遠い記憶の風景になりつつある眺め、つまり、介入しすぎて荒んだ山河や山里、過剰な都市化に晒された集落などの向こうに見える「穏やかさ」です。それと、ここが肝要なのですが、それを支える日の出や夕暮れや月夜、春夏秋冬の変化、そして雨や雪や霧などによる情趣です。私はそれを「移ろい効果（＝季節、時刻、天候などの変動要因によって趣を変える五感的刺激に満ちた景観の魅力の増進）」と呼んでいます。このような理由で、巴水の作品を通して、風景の美的捉え方、言い換えれば眺め方のコツを探したいと思います。巴水の言葉に「私がよい風景に接して感じたように、同じ感じを皆様にも求めたいのです」とあります。旅で得た巴水自身の感動を純粋に伝えたい、分かち合いたいという思いが込められています。その切なる思いに応えて、見射る力を得たいと思います。

　尚、巴水作品における変動要因に関してですが、次のような特徴が認められます。手元にある幾つかの図版目録から単純に集計したものなので大雑把な点はお許しください。

　①季節（春夏秋冬）の絵画では、おおよその比率で春が14％、夏が29％、秋が17％、冬が40％となっています。冬の場面描写が多いことが分かります。

以下、同様に整理すると、

　②時刻（朝夕夜のみ）では、朝が14％、夕が43％、夜が43％となっています。朝景が少なく、描写しづらいはずの夜景が多くなっています。

　③天象（月、月と星、星、太陽）では、月が47％、月と星が5％、星が8％、太陽が40％となっています。直接描くばかりでなく、陰影や色彩変化などで間接的に描いたものも含んでいます。

　④気象（雨、雪のみ）では、雨が42％、雪が58％となっています。尚、霧や風なども若干ありますがかなり少なく、作品数からは雨景や雪景を好んで描いていると言えます。

また、巴水の「版画制作」の特徴についても少し触れておきたいと思います。巴水は「私と職人との心が一致するとき、よいものができる」と語ったといいます。取り上げる画題や内容は、自分自身の感性で決定するばかりでなく版元にも相談し調整したようです。ですから、商業的な観点から見ても、風情や情趣に欠かせない変動要因を伴う眺めを多く登場させたことが分かります。
　尚、川瀬巴水における「新版画」の制作プロセスは次の通りです。

〔1.写生〕：写生帖を手に出かけスケッチを重ね、版画にする図柄や絵の選定をする。
〔2.原画〕：写生を基に版画の下絵となる彩色原画を作成する。
〔3.線描き〕：原画を基に墨線で輪郭線を描き「版下絵」を作成する。
〔4.主版彫り〕：彫師が版下絵を裏返して板に貼り、線の部分を残し彫る。「主版」と言う。
〔5.校合摺り〕：主版に紙をあて墨で絵の輪郭部分を摺り、必要色数の枚数だけ作成する。
〔6.色ざし〕：画家が校合摺りに一枚ずつ色を指定、版木に貼り彫られ色版が作成される。
〔7.色版彫り〕：使用する色の部分ごとに板に彫り残してゆく。
〔8.試摺り〕：刷師が試摺りしたものを版元、画家をまじえて確認、摺りの調整を行う。
〔9.本摺り（完成）〕：試し摺りを経て、最も良いものを作品として選定する。

　巴水は実景を忠実に写生すると言われています。が、その忠実な写生画をもとに原画を作成する上で、印象効果を狙った何らかの操作をすることがまま見受けられます。また、通常、画家は、彫りや摺りにはそれほど関わりをもたないのですが、巴水は色指定にとどまらず色さしを自ら行うなど強く関わったようです。このように、巴水は写生から完成にいたる全ての過程に関わりをもち、理想的な創景を試み実現したのだと私は思います。
　巴水の紹介は以上です。尚、本書で扱う変動要因は先述したように、設定した風景モデルに合わせ、巴水が得意とする天候、朝夕、天象などに絞ります。具体的には夕景、朝景、月景、陰影景、雨景、雪景、を引いています。
　最後に、分析の前提となる私なりの着眼点を述べておきます。

月や太陽、雨や雪は、そのものが視対象になる魅力もさることながら、眺めの雰囲気をガラリと変えてしまうところが見逃せません。周知の通り、それらは単なる天文現象や降水現象ではなく、人々を魅了する美を放つものなのです。それを「何々見」のかたちと言いたいのですが、そこでは、「美しい天象や気象を見ること＝対象側の美の問題」「天象や気象を美しく見ること＝享受する側の作法の問題」と、「美しい天象や気象を描くこと＝目利き」「天象や気象を美しく描くこと＝技量」が同居します。各内容の次元はやや異なりますが、そうしたことを意識して進めることと致します。手始めは朝夕の眺めです。以下手順として、各景観現象の解説をし、その後、巴水の絵の分析に進みます。

## ４－１．朝夕の縁相―光の満ち引き

しごく明快なことですが、美しいと感じ満足するには、見る者の心身と光や大気の条件との折り合いがつかなければなりません。朝景や夕景を解剖してゆくと、感動の組成は次のように考えることができます。

時の縁の眺めである明けと暮れは、光の推移によって変わりゆく風景を楽しむことにつきます。朝夕の共通項として先ず注目されるのは太陽の移動がもたらす風景、なかでも古来とりわけ人々の印象に刻まれてきたのが日の出や日の入りの空の「あか」の美しさです。ご承知の通り、「あか」の原義には、色味ばかりでなく「あか＝明け」の意（一説に「くろ＝暗」の対）があります。日本語では「あか」とは夜明けの「明け（あけ）」から暁の「赤（あか）」と連想され、明け方の太陽と結ばれるという解釈が支持されています。そこできまって描かれるその形姿は、「日章旗」のように「まるい赤」なのです。そして、その「赤」に寄り添い移ろう空の色も愛でました。朝方では明るくなるにつれて青緑黄橙赤、夕方ではそれの逆となります。この時、私たちの目では、ある視覚上の特性が現れます。朝方は「暗所視（桿体細胞が作用する状態で色相がぼんやりする）→薄明視（暗所視と明所視の中間で、桿体と錐体の両細胞が働く）→明所視（錐体細胞が作用する状態で色相が良く識別

できる）」、夕方は逆に「明所視→薄明視→暗所視」となります。朝夕どちらも薄明視の状態が中心となりますが、このときの目は緑や青に最も良く反応しているので、朝方は最初に、夕方は最後に、それを有する物体色が優先的に意識されます（プルキニエ現象）。つまり、うす暗いところでは青色のものが明るく見える現象です。この特性は眺めの印象に少なからず影響することと思います。

　朝景や夕景には、形や色や温度からくる生理的満足感と観念的連想作用からくる美しさとがあります。たとえば、空気の帯が幾重にも重なる遠方で、光源がゆっくりと昇る、あるいは静かに沈んでゆく—赤みを帯びた視覚的印象と推移する陽光に照らされた身体の感覚、その両知覚が醸し出す心地良さがあります。また、昼間はできない太陽自体の直視も日の出の直後や日の入り間際ならできるようになります。太陽の大きさは、視直径にして約30′（視角：0.5°）を張るに過ぎません、にもかかわらず遙かに大きな印象で迫ってまいります。

　こうした印象と効果が信仰の場面に現われたり使われたことがあります。伊勢神宮では冬至の頃、大鳥居の先、宇治橋の向こうに朝日を拝むことができます。太陽神の甦りが暗示されます。あるいは次のような例もあります。宗教儀式では荘厳で神聖な雰囲気を求め、また、人びとの精神に訴え気分を昂揚させるために、しばしば劇的な景観変化を要求します。宗教の歴史を顧みると、かつて実空間を舞台に太陽光と人びとの想像力とを基にして、信仰に関わる仮想的な景観体験がなされていたという事実があります。それは日相観思想と関連する観照的行為なのですが、良く知られた分かりやすい例を挙げましょう。たとえば兵庫県小野市の「極楽山浄土寺」では彼岸の頃「落日が光背の役割をなし阿弥陀仏と重なる」を以て「来迎」の演出、また富山県立山町の芦峅寺の「布橋大灌頂会」の儀式（彼岸の頃）では「朝、霊峰立山からのご来光」を以て「極楽浄土の光景から現世へ」の演出としました（詳しくは拙著『風景の調律』の第2章．想像と浄化、「還―陽と陰」、に譲ることとします）。このようにこうした儀式では、日の入りと日の出という現象と、

# 余暇の風景学を考える

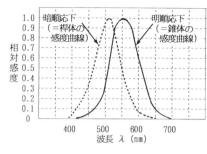

明所視：錐体細胞が作用する状態で、色相が良く識別できる。この状態が昼間の人間の色彩感覚として作用する。
暗所視：杆体細胞が作用する状態、暗い場所で働き色相はぼんやりする。
薄明視：明所視と暗所視の中間の明るさで錐体細胞と杆体細胞が働いている薄暗がりの状態。
＊明所視の場合は、555ナノメーター（波長）の緑みの黄が最も明るく見えるが、暗くなるほど緑や青が明るく見えるようになり、暗所視では510ナノメーター程の緑が最も明るく見える。

視感度曲線

浄土堂背面

北池と陽光

浄土寺

浄土寺及びその周辺

図4-1　朝夕の諸相

①〜④芦峅寺布橋、布橋から立山を望む
⑤⑥伊勢神宮、宇治橋
⑦宮地嶽神社参道

図4－1　朝夕の諸相（続き）

神仏を拝むという宗教的行為とを結びつけ、そこに視覚的且つ精神的特殊効果の生成を期待するものでした。しかも、「彼岸会」などの仏事に典型を見るように、意味的枠組をさらに重ね、より堅固な結びつきを図っていました。それぞれの現象や行為を単独に取り出せば、日が沈み日が昇るのはありふれた日常的な現象であり、ご神体や仏像など、信仰対象を崇拝するのも至極一般的な行為です。が、この日常的な現象と一般的な行為を、実体的そして意味的操作によって融合し、魂を清める空間創出へと利用したのでした。この種の効果で他の有名どころには、「光の道」として話題となった宮地嶽神社（福岡県福津市）参道があります。

さて、流れがやや形而上的な方へ逸れてしまいました。話を実景へと戻します。私たちの標準的な日常生活をイメージして、観賞の比率の高い夕景から詳しくみていきます。

## 4-2. 夕景の美しさ

夕刻になると、ガスのせいで遠方の光の散乱や反射が強調され、視界が一段と利くようになります。しかしそれもやがて収まり、視覚機能が抑制されます。すると眼前の眺めでは、角張った人工構造物もまろみを帯びた自然地形も分け隔てがなくなって、あらゆるものがモノトーンの世界へと溶かし込まれてゆきます。諸々の「かたち」のみならず色合いや肌合いなどに重きを置く昼間、そうした可視光線の溢れる風景にあってはありありとつく諸物の区別も、ここでは遠近感や表情が失せ意味をなさなくなります。地上のものがかたちのみを除いて等質化する、円い太陽の存在が意識され、やがて辺りの薄らぎとともにすべてが自然の一部と化す時間、夕照が遥かなる別世界へと誘う瞬間です。この暮れ方の風景を基本とし、時代感覚に呼応して様々な眺めが誕生しました。先に触れた宗教儀式もその一つです。

今の時代では、科学技術の進歩によるかつてない風景の顕在化があります。私たちが愛おしむ風景の一つに、太陽が山の端に沈むという美しい夕景の構図があります。その気分は同じままで、都市なら、山々になり代わって高層

ビルがその役割を果たしているかのような印象を受けます。つまり、建築群が山を暗示し、また、われわれの意識の方でもそのように促されるかのように思えます。少し前の時代では到底得ることがかなわない体験、都市化した空間で生まれた、対象群と視点場との関係に基づく新たな風景体験の創出と言えます。現代の科学技術が太陽が沈むという風景現象に新鮮な場面の数々を用意しました。

　さて、そうした太陽自身の動きや演技はもちろん見逃せませんが、それと同じくらい重要な、光彩の演出を司るのもやはり太陽です。沈み行く夕日に添うように刻々と変わる空の色や染まる漂雲の美、それは水辺でも遺憾なく発揮されます。たとえばキラキラと反射する光が次第にオレンジがかり強調される、ことに風が吹き、さざ波が立っている場合や、河床に細やかな起伏がある場合は佳景です。有明海御興来(おこしき)海岸のように、それが砂干潟と絡む幻

図4−2　夕景の美（瀬戸内海）

想的な夕景で知られる場所もあります。太陽光線のみならず、徐々に移ろう空の色をも映す──拒む者のおそらくいないこの光景だからこそ、あらゆる人々の心を奪ってきたものと思います。人の心を感傷的な世界へと誘う不思議、魂を揺さぶるほどの影響力、このように深い感動をもたらし特別の情感が込められる天与の眺めですから、きっと誰もが沈む夕日に胸を熱くした経験があろうかと思います。夕陽と想念を交わす時間をもたらすこと、これが古来、独特の価値を与えられ格別の観賞対象となされてきた夕景美の力量であると私は思います。さらに考察を進めます。

**現象と効果**

太陽の変色が始まるのは日没の約30分くらい前です。この時の太陽高度は凡そ7.5°です。また「日暮れ」の天文学的定義は「太陽の中心が地平線の下7°21′4″の角度の時刻」です。日が没して残照の終わる「暮れ果てる」時刻までをここでの夕景とすると、日没を挟んでおおよそ一時間ほどが、太陽を主とする継起的に夕景を楽しむ観賞時間となります。ちなみに、太陽の下端が水平線や地平線に達して上端が完全に没するまでに要する時間は、太陽の見込み角0.5°から計算すると凡そ2分間となります。これが日没自体を楽しむ核となる時間です。

また、夕映えや夕焼けなど夕景における空の色の変化をもたらすのは次の要因です。太陽高度が下がると太陽光の大気中の通過距離が長くなります。すると、その分の空気分子によって波長の短い青い光は散乱が増加します。さらに地表に近いところの濃い水蒸気や細塵による散乱も加わります。そこで青い光は途中でなくなり、波長の長い赤色の成分が多く残ることによるのです（レイリー散乱）。また、夕焼けが靄のかかったような色合いを見せることが多い理由は、雨上がりなど空気中の塵が無くなった場合を除けば、昼間の太陽光で上昇気流が起こり、巻き上げられた細塵などが散乱を起こすからです（ミー散乱）。発現する色は、太陽高度や大気の状態によりますが、金色から茜色などになります。目にする光景では、金色の光は西向きを中心とした反射面を鮮やかに示し、茜色は西空を見事なグラデーションで染めま

表4－1　雲の分類と雲形

| 高度 | 類 | 種 | 変種 | 特徴・付属雲 |
|---|---|---|---|---|
| 上層<br>5000～<br>13000m | 巻雲（絹雲）/Cirrus<br>俗称：筋雲 | 毛状雲/かぎ状雲/濃密雲<br>塔状雲/ふさ状雲 | もつれ雲/放射状雲/肋骨雲<br>二重雲 | 乳房雲 |
| | 巻積雲（絹積雲）/Cirrocumulus<br>俗称：鱗雲/鰯雲 | 層状雲/レンズ雲<br>塔状雲/ふさ状雲 | 波状雲/蜂巣状雲 | 尾流雲/乳房雲 |
| | 巻層雲（絹層雲）/Cirrostratus<br>俗称：薄雲 | 毛状雲/霧状雲 | 二重雲/波状雲 | |
| 中層<br>2000～<br>7000m | 高積雲/Altocumullus<br>俗称：鱗雲/羊雲 | 層状雲/レンズ雲<br>塔状雲/ふさ状雲 | 半透明雲/すき間雲/不透明雲/二重雲/波状雲/放射状雲/蜂巣状雲 | 尾琉雲/乳房雲 |
| | 高層雲/Altostratus<br>俗称：朧雲 | | 半透明雲/不透明雲/二重雲/波状雲/放射状雲 | |
| | 乱層雲/Nimbostratus<br>俗称：雨雲/雪雲 | | | 降水雲/尾流雲/ちぎれ雲 |
| 地表付近～<br>2000m<br>＊積雲と積乱雲の上部は10000m以上になることがある。 | 層積雲/Stratocumulus<br>俗称：うね雲 | 層状雲/レンズ雲<br>塔状雲 | 半透明雲/すき間雲/不透明雲/二重雲/波状雲/放射状雲/蜂巣状雲 | 乳房雲/尾流雲/降水雲 |
| | 層雲/Stratus　俗称：霧雲 | 霧状雲/断片雲 | 不透明雲/半透明雲/波状雲 | 降水雲 |
| | 積雲/Cumulus<br>俗称：綿雲/入道雲 | 扁平雲/並雲<br>雄大雲/断片雲 | 放射状雲 | ずきん雲/ベール雲/尾流雲/降水雲/アーチ雲/ちぎれ雲 |
| | 積乱雲/Cumulonimbus<br>俗称：入道雲/雷雲 | 無毛雲/多毛雲 | | 降水雲/尾流雲/ちぎれ雲/金床乳房雲/ずきん雲/ベール雲/アーチ雲/漏斗雲 |

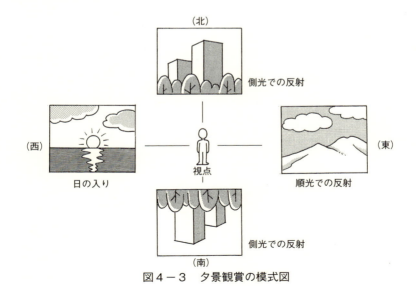

図4－3　夕景観賞の模式図

す。一般的には、地平線や水平線に近いところから順に、赤・橙・黄・青の色合いを見せ、太陽が沈みきりその順に消えてゆきます。最後は紺色となり「暮れ果て」ます。

　他、夕景で印象的なものの一つに雲があります。雲は表４−１の通り、発生する高度や形姿が様々ですから、視点位置からの方位、そして視距離や仰角によって染まり方や色合いの見え方が決まります。雲のそうした相貌を眺める楽しみもあります。

　ところで、以上のように現象を網膜に映ずるまま皮膚で感じるまま素直に受け止めるということ、これは楽しみ方として第一です。禅の教えにもあるように、文字や言語に頼らず生命をかけた本質への見性(けんしょう)が肝要であること、このありのままに心のままに直視するという「不立文字」の教えは尊いですが、日常レベルの観賞では、「夕刻の光景は何と言うのだろう」「この明るさの状態は何と言うのだろう」といったことへの答え、つまり眺めを理解したい、説明したいというのが普通の感覚でしょう。いわば眺めを言語化するということです。そうした人間の素朴な欲求を反映してか、夕景には暮れ時の状態や様子を表す言葉が沢山生まれています（表４−２で簡単な分類をしています）。それらはその欲求を満たす手助けとなります。眺めの言語化がもう一歩進むと観賞のかたちがさらに深化します。たとえば夕景の詩を鑑賞し、言葉を通したイメージを眼前の眺めに投影して味わうことなどです。

表4-2　夕景に関する言葉一覧

| 言　葉 | ① | ② | ③ | ④ | ⑤ | ⑥ | 意　味 |
|---|---|---|---|---|---|---|---|
| 茜雲（あかねぐも） | | | | | ○ | | 朝日や夕日にあかね色に照り映えている雲 |
| 入り（いり） | | | ○ | | | | 日や月が沈むこと。 |
| 入相（いりあい） | ○ | | | | | | 太陽の沈む頃、たそがれ時、暮れ方、日没 |
| 入方（いりがた） | ○ | | | | | | 日、月などが没しようとする頃に用いられる。 |
| 入日（いりひ） | | | ○ | | | | 夕方、西の方に沈もうとする太陽、夕日、落日 |
| 入日影（いりひかげ） | | | | ○ | | | 夕陽の光 |
| 春く（うすづく） | | | ○ | | | | 太陽が山の端などにかかる。多く、太陽が没することをいう。 |
| 逢魔が時（おうまがどき） | ○ | ○ | | | | | 暮方の薄暗い時刻、たそがれ。 |
| 傾く（かたむく） | | | ○ | | | | 太陽や月が沈みかける。 |
| 暮れ（くれ） | | ○ | | | | | 太陽が沈み始めて暗くなりかけた頃、夕暮れ、日暮れ |
| 暮れ暮れ（くれぐれ） | | ○ | | | | | 暮れ方、夕方 |
| 暮れ初む（くれそむ） | | ○ | | | | | 暮れ始める。 |
| 暮れ泥む（くれなずむ） | | ○ | | | | | 日が暮れそうでなかなか暮れないでいる。 |
| 暮れ残る（くれのこる） | | | ○ | | | | 日が沈んだあとに、しばらく明るさが残る。 |
| 暮れ果る（くれはてる） | | ○ | | | | | 日がすっかり暮れてしまう。 |
| 暮六つ（くれむつ） | | ○ | | | | | 暮れの六つ時、今の午後六時ころ。 |
| 暮れる（くれる） | | ○ | | | | | 太陽が沈んで、あたりが暗くなる。昼が終って夜になる。 |
| 暮れ渡る（くれわたる） | | ○ | | | | | 一面に暮れる。辺り一帯が暮れてゆく。 |
| 残照（ざんしょう） | | | | ○ | | | 日が沈んだ後もなお照り残っている。入日の光、夕日、夕焼け |
| とっぷり | | | ○ | | | | 日がすっかり暮れる様を表す語 |
| 西明り（にしあかり） | | | ○ | ○ | | | 日没後、しばらく西の空の明るいこと、また、その空、残照。 |
| 西日（にしび） | | | | ○ | | | 夕方に近づいて差し込む光 |
| 日没（にちぼつ） | | | | ○ | | | 太陽が地平線下に没すること。また、その時、日の入り。 |
| 反照（はんしょう） | | | | ○ | | | 夕日の光が反照しながら照り輝くこと、夕映。 |
| 日暮れ（ひぐれ） | | ○ | | | | | 日の暮れようとする時、暮れ方、夕暮れ、夕方。天文学で日没後、太陽の中心が地平線の下、7度21分4秒の角度の時刻 |
| 返照（へんしょう） | | | | ○ | | | 光が照り返すこと、特に夕映、夕照(せきしょう)。 |
| 火点頃（ひともしころ） | ○ | | | | | | あかりをともす時刻、日暮れ時 |
| 暮色（ぼしょく） | | | | | ○ | | 暮れ方の薄暗い色、暮れかかった色合、様子、夕暮れの景色 |
| 夕（ゆう） | | ○ | | | | | 日が暮れかかっている時、日が暮れて夜になろうとしている時、日暮れ、夕べ、夕方 |
| 夕方設（ゆうかたまく） | | ○ | | | | | 夕方になる。日暮れに近づく。 |
| 夕さる（ゆうさる） | | ○ | | | | | 夕方になる。夕方がくる。 |
| 夕月（ゆうづき） | | | | | | ○ | 夕空に見える月。夕方、西の空にある月、また、東の空に昇る月を言う。 |

余暇の風景学を考える

## 表4－2　夕景に関する言葉一覧（続き）

| 言　葉 | ① | ② | ③ | ④ | ⑤ | ⑥ | 意　味 |
|---|---|---|---|---|---|---|---|
| 夕付く（ゆうづく） | ○ | | | | | | 夕方になる。夕方に近づく。宵にまたがる。 |
| 夕付く日（ゆうづくひ） | | | ○ | ○ | | | 夕方の太陽、夕方の日の光、夕方になってゆく日影、夕日、夕陽 |
| 夕月夜（ゆうづくよ） | | | | | | ○ | 夕暮れに出ている月、陰暦10月頃までの夕刻に空に出ている月 |
| 夕映（ゆうばえ） | | | | ○ | ○ | | 辺りが薄暗くなる夕方頃、かえって物の色などがくっきりと美しく見えること。後世では夕日の光を受けて美しく映えることを言う。 |
| 夕晴（ゆうばれ） | | | | | | | 夕方、空が晴れ上がること。 |
| 夕日・夕陽（ゆうひ） | | | ○ | ○ | | | 夕暮方の太陽、また、その光、夕方の日影、夕陽（せきよう）、斜陽、入日の頃 |
| 夕日影（ゆうひかげ） | | | | ○ | | | 夕日の光 |
| 夕べ（ゆうべ） | ○ | | | | | | 日が没して暗くなろうとする時刻、夜の始まる頃、夜を中心とした時間区分の表し方で、その暗くなり始めを言う。宵の前、夕方 |
| 夕間暮（ゆうまぐれ） | ○ | ○ | | | | | 日が暗闇に閉ざされて、物が見えない頃を言う。夕方の薄暗いことと、また、その時分、夕暮れ |
| 夕紅葉（ゆうもみじ） | | | | | | ○ | 夕日に映える紅葉、夕方の紅葉 |
| 夕靄（ゆうもや） | | | | | | ○ | 夕方に立ちこめる靄 |
| 夕焼け（ゆうやけ） | | | | | ○ | | 日没の頃、西の空が紅色に染まる現象。日没時は太陽光線が大気中を通過する距離が長く、青色光線が微粒子によって散乱され、赤色光線だけが地上に達するために生じる。夕照、晩霞、夕焼け小焼け |
| 夕山（ゆうやま） | | | | | | ○ | 夕暮れの中に見える山、夕方陰（夕方の山の陰になっているところ） |
| 夕闇（ゆうやみ） | | ○ | | | | | 夕方、日は没し月はまだ上がらない間の闇、また、その時刻、宵闇 |
| 夕刻（ゆうこく） | ○ | | | | | | 夕方の時刻、夕方 |
| 余光（よこう） | | | | ○ | | | 日没後にもなお残っている光 |
| 宵（よい） | ○ | | | | | | 日が暮れて間もない頃、また、日暮れから夜中までの間（よい―よなか―あかとき） |
| 宵の口（よいのくち） | ○ | | | | | | 日が暮れて間もない時 |
| 落日（らくじつ） | | | ○ | | | | 沈もうとする太陽、夕日、入日 |
| 落陽（らくよう） | | | ○ | | | | 夕日、入日、落日 |

■言葉の分類（＊○付き数字はそれぞれ以下の内容を示す）
　①時間区分　②明暗　③太陽の動態　④太陽光の状態　⑤色彩　⑥その他

巴水の夕景

　ここからは巴水の絵画を実際に眺めてみましょう。境界の時間帯に向けられた繊細な巴水の目を知ることができます。

a.　夕景画の例示

『木場の夕暮れ』

　日没後の暮れなずむ風景です。西空の色は赤→橙→黄→青のグラデーションです。筏の浮かぶ水面は空の色をそのまま映しています。薄暗がりの中、川沿いの建物も架かる木橋もはっきりとは見えませんが、橋や電柱が川面に影を映す様は、水面の印象を高め風情を感じます。空にはちぎれた綿雲が色を付け浮かんでいます。

『前橋敷島河原』

　日没間際の暮れなずむ風景です。榛名の山並みはシルエットをなし、背景の空は橙や黄色に染まります。空に力強く浮かぶ層積雲や積雲の縁が夕日を受けて赤や橙に染まります。それを利根川の水面が映します。近景から中景にかけては、未だ明るさが残るので、中州、植物、渡し板など、地形地物の位置や形姿がわかります。

　以下に、巴水の捉えた夕景の特徴をとりまとめてまいりますが、そのデータとして29点の絵画を抽出しました（巻末に添付：付表－1）。

　最初に、夕景の時間区分について検討いたします。ここでは「暮れ初む（夕映え・入り日を含む）→暮れなずむ→暮れ渡る（暮れ果てる迄）」の区分を設定しました（図4－6）。それぞれは、暮れ初む11点、暮れなずむ15点、暮れ渡る3点となりました。尚、付表－1の分類項目にて作品毎の「時間区分」が確認できます。

①暮れ初む（夕映え・入り日を含む）

　水平線に沈む夕日をダイレクトに捉えることの他に、それを受けて、沿岸の岩や小舟、あるいは町中の五重塔などが光彩を放つ様子に目を凝らします。太陽は傾き始めていますが、辺りはまだ明るさが残る中、近景や中景の景物、たとえば夕闇迫る橋間、暗い細道と赤く染まる空と水面との対比に目を留め

余暇の風景学を考える

図4-4　木場の夕暮
（1920：大正9年秋）

図4-5　前橋敷島河原（1942：昭和17年）

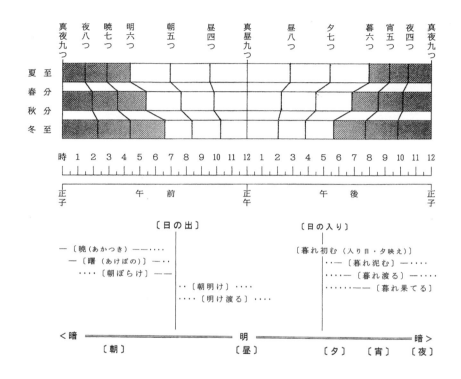

図4−6　日本における伝統的な時間区分

ます。また、遠方に目を遣り、赤い夕日に染まる山々、背後の空、雲の縁や切れ間が目を引く要素となっています。

②暮れなずむ

　日が暮れそうでなかなか暮れないでいる状態の時間帯です。存在を主張し始める月、そして空の色合いは赤から紺への移ろいです。形のみを残す遠景の山々の向こうに広がるダイナミックな雲、あるいはたなびく雲が茜色に染

まります。水面があればそれを映します。また、近景や中景の景物が黒い影となった様子、それが水面で倒景となる様子に目が向けられます。

③暮れ渡る

　暮れの最後、地表の景物はみな明瞭さを失い黒い影となります。彼方の空から赤みが消え、藍色は縹（はなだ）から褐（かち）へと進みます。

b．特徴のある描写

　空の明るさや色の変化、さらに景物の次第に暗くなる影の印象については、繰り返しを避けて触れません。ここでは夕景の雲を取り上げます。

　ここまで確認してきたように、巴水は雲の動きや変わりゆく光線を気にかけながら夕空を凝視しました。そのことは雲だけを描いた写生帖の頁があることから分かります。しかも、たとえば図には「昭和九年九月廿一日　嵐のあとの夕」（1934年）「七月十一日　市ヶ谷そと堀公園にて」（1936年）「川開きの夕」（1936年）等のように記されていて、何月何日のどのような雲に魅せられたかも分かります。

　さて、ここで少し想像してみてください。高い空を見上げるのは首への大きな負担です。ですから、できるだけ負担のかからない程よい仰角を求めます。するとそれに見合う雲の種類、そして視距離が決まります。そこで参考となるのが、名山を眺める程よい仰角として突き止められた角度です。独立峯などは仰角10°前後、山のスカイラインをなぞるなら仰角5°程度（眼球を僅かに動かすだけで済みます）が知られています。たとえば比高差1500mの上空に漂う綿雲を想定すると、仰角5°では、視距離にして雲までおおよそ17.2km、仰角10°であれば8.6kmとなります。これが眺める視距離の目安となります。巴水は種々の雲を描き分けていますが、それぞれ遠景としてあるいは背景として程よい角度で納まっているように感じます。

c．場面・アングル・添景

イ．描写場面

　描写場面の種類と点数は次の通りとなりました。

　①海辺・浜辺・漁村・漁港：10/29点、②川辺・河原：9/29点、③湖辺・水郷：

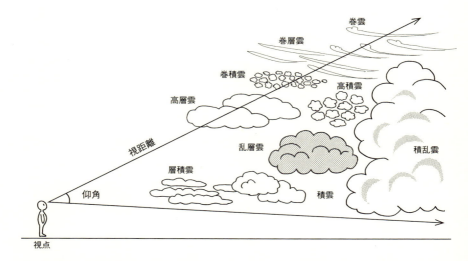

「七月十一日夕　市ヶ谷そと堀公園にて」
昭和11年(1936)

「川開きの夕」
昭和11年(1936)

図4−7　雲の眺めの模式図と巴水の雲のスケッチ

2/29点、④山辺：2/29点、⑤寺院境内：2/29点、⑥城址：2/29点、⑦田園：2/29点

　以上のことから、夕日の映える水辺空間が圧倒的に多いことと、夕日を受ける対象としての山、五重塔などの構造物に魅力を感じていることとが確認できます。

ロ．アングル

　視線の方向の結果は、①水平視：18/29 点、②仰観視：4/29 点、③俯瞰視：7/29 点となりました。水平視が多いことが分かります。また仰観視と俯瞰視を比べると俯瞰視がやや多いようです。

ハ．添景

　「風景に添える人物は、地方色、習慣、風俗を現すことを逃さない」と巴水が語っていたと言いますが、その言葉通り、仕事仕舞いや仕事帰りの仕草といった、夕方特有の雰囲気を醸し出す人影などの要素が投入されています。また、水辺の場面が多いことからごく自然に舟が添えられています。

## 4－3．朝景の美しさ

　朝の光は透明感のある強く眩しい光です。それもあって朝景には独特の清澄感があるように思えます。その理由を考えますと、たとえば対流が活発な昼間に、上空まで広がった水蒸気や塵埃が、夜間に下降に転じ、夜明けには地表へと沈みきること、そのため雲や塵埃などによる散乱（ミー散乱）が起きにくいこと、また、一日の中で最も気温の低い早朝の体感温度の微妙な影響が考えられること、あるいは同じように薄明視の状態であっても、昼の明るさの後の夕景と夜の暗さの後の朝景では目の感覚が若干異なること、等々が重なって、澄んだ大気の魅力的な印象を抱かせてくれるものと思います。

　ここからは朝景の魅力について考えてまいります。

**現象と効果**

　朝景では、暗い状態が徐々に明るくなる様子や、日の出そして朝焼けなどを観賞するのが一般的です。夕景と同様、明るさの推移や太陽の位置によって空の色彩や地表の見え方が変わるのを捉えるのです。日の出は日の入りと逆に太陽の上端が水平線ないしは地平線に達し、下端が出ききるまでが観賞時間の核となります。日の入りと同様 2 分程度です。朝焼けは、日の出時に、太陽が水平線や地平線下 6°くらいに近づくときから東の空で雲などが赤く輝く現象です。夕景と同様水平線や地平線の方向にある大気の細塵のため、

## 表4−3 朝景に関する言葉一覧

| 言葉 | ① | ② | ③ | ④ | ⑤ | ⑥ | 意味 |
|---|---|---|---|---|---|---|---|
| 暁（あかつき） | ○ | | | | | | あかときの変化したもの。夜半過ぎから夜明け近くのまだ暗い頃まで。未明、また夜明けに近い時分。現在では明け方のやや明るくなった時分をいう。 |
| 暁闇（あかつきやみ） | | ○ | ○ | | | | 明け方、月がなく、あたりが暗いこと、またその頃、陰暦で1日から14日頃までの夜明け方 |
| 茜雲（あかねぐも） | | | | ○ | ○ | | 朝日や夕日に茜色に照り映えている雲 |
| 明らむ（あからむ） | | ○ | ○ | | | | 夜が明けて空が明るくなる（明るむ）。 |
| 明け（あけ） | | ○ | ○ | | | | 夜が明けること、またその時、明け方、夜明け←→暮れ |
| 明け残る（あけのこる） | | ○ | | | | ○ | 月や星などが、夜が明けてもまだ空に残っている。まだ夜がすっかり明けきらない。 |
| 明けの明星（あけのみょうじょう） | | | | | | ○ | 明け方の東の空に輝く金星 |
| 明け離れる（あけはなれる） | | ○ | | | | | 夜がすっかり明ける。 |
| 曙（あけぼの） | | ○ | | | | | 夜がほのぼのと明け始める頃、暁の終わり頃で、空は明るくなって来ているが藪はまだ暗い時刻、朝ぼらけに先立つ時間を指すという。 |
| 明ける（あける） | | ○ | | | | | 夜が終わって朝になる。 |
| 明け渡る（あけわたる） | | ○ | | | | | 夜がすっかり明けて一面に明るくなる。 |
| 朝明け（あさあけ） | | | ○ | | | | 朝になってあたりが明るくなること |
| 朝影（あさかげ） | | | | | ○ | ○ | 朝日によってできる細長く弱々しい影 |
| 朝雲（あさぐも） | | | | | | ○ | 朝の空にたなびく雲 |
| 朝東風（あさこち） | | | | | | ○ | 朝に吹く東風 |
| 朝月（あさづき） | | | | | | ○ | 明け方に空に残っている月（朝月夜） |
| 朝凪（あさなぎ） | | | | | | ○ | 朝、陸風と海風が吹き変わる時の現象で、海辺の風が一時止まること。→夕凪 |
| 朝日（あさひ） | | | | ○ | | | 朝日影 |
| 朝ぼらけ（あさぼらけ） | ○ | ○ | | | | | 朝、空がほのかに明るくなった時、夜明け方 |
| 朝まだき（あさまだき） | ○ | | | | | | まだ夜があけきらない時 |
| 朝焼け（あさやけ） | | | | | ○ | | 日の出の時、東の地平線近くの空が紅色に染まって、燃えるような色を呈すること。暁紅 |
| 有明（ありあけ） | ○ | ○ | | | | ○ | 月がまだ天にありながら夜の明けかけること。また、その頃。 |
| 薄ら明り（うすらあかり） | | ○ | | | | | かすかにほの明るいさま。わずかばかりの明るさ |
| 小暗い（おぐらい） | | | | | | | 少し暗い、薄暗い |
| 彼誰（かわたれ） | ○ | ○ | | | | | かわたれ時の略、夜明けまたは夕暮れ時の薄暗い自分（夕方を「たそがれ」として）明け方に言うことが多い。 |
| | | ○ | | | | | |
| 暁雲（ぎょううん） | | | | | | | 夜明けの雲 |
| 旭光（きょっこう） | | | | | | ○ | 朝日の光 |
| 御来迎（ごらいごう） | | | | ○ | | | 高山で拝む日の出、またその景色 |
| 今暁（こんぎょう） | ○ | | ○ | ○ | | | 今日の夜明方、今朝 |

短い波長の青い光が散乱され、主として赤色光が目に入ることによります。
　そうした日の出前後の状態や様子を表す言葉が、やはり朝景でも沢山生まれています（表4－3で簡単な分類もしています）。繊細に捉えられてきた現象であることを表でご確認ください。

表4－3　朝景に関する言葉一覧（続き）

| 言葉 | ① | ② | ③ | ④ | ⑤ | ⑥ | 意味 |
|---|---|---|---|---|---|---|---|
| 東雲（しののめ） | | | | | | ○ | 東の空に明るさがわずかに動く頃、明け方に東の空にたなびく雲 |
| 白白（しらじら） | | ○ | | | | | 夜がしだいに明けてゆくさまを表す言葉 |
| 白む（しらむ） | | ○ | | | | | 明るくなる。明け方になる。 |
| 春暁（しゅんぎょう） | ○ | | | | | ○ | 春の夜明け、春のあけぼの |
| 晨鶏（しんけい） | | | | | | ○ | 夜明けを告げる鶏 |
| 晨明（しんめい） | ○ | | | | | | 夜明け、明け方、夜明けの明星、明け方に見える金星 |
| 天明（てんめい） | ○ | | | | | | 夜明け、明け方 |
| 東天（とうてん） | | | | | | ○ | 明け方の東の空 |
| 薄明（はくめい） | | | ○ | ○ | ○ | | 日の出前または日没後、太陽光線が上層の大気によって散乱され、空がうす明るく見える現象、天文学的には、太陽が地平線下18度以内にある時を言う。 |
| 日の出（ひので） | | | ○ | | | | 太陽の上縁が東の空に上り始める時、およびその現象 |
| 払暁（ふつぎょう） | ○ | | | | | | 明け方、夜明け |
| 平明（へいめい） | ○ | | | | | | 夜明け、明け方 |
| 灰灰明（ほのほのあけ） | | ○ | | | | | 夜がほんのりと開けること |
| 昧（まい） | ○ | ○ | | | | | 夜明けの薄暗い時、昧爽（まいそう）とは夜が明けかかっていること。 |
| 黎明（れいめい） | ○ | | | | | | 明け方、夜明け |

■言葉の分類（＊○付き数字はそれぞれ以下の内容を示す）
　①時間区分　②明暗　③太陽の動態　④太陽光の状態　⑤色彩　⑥その他

## 巴水の朝景

　ここからは朝景画の実際を眺めてまいります。朝の眺めに向けられた巴水の眼差しを追ってみましょう。

a. 朝景画の例示

『別府の朝』

　曙の風景です。東の空が明るくなり始め、あとの三日月と明けの明星の浮かぶ様が見えます。月影が前景の水面に揺らいでいます。大気は澄み静かな港の風情です。人々の活動が始まる前の時間なので人影はありません。やさしい波が海面に表情を与え、静穏な状況を醸し出しています。遠景に家の灯を見ます。多くの船が停泊する港、間もなく日の出の時刻、遠い山並みの背後の空が色づき始めます。

『尾道の朝』

　朝ぼらけの風景です。人が朝の活動を始める頃の風情です。朝日が僅かに顔を出した頃合い、荷揚げされた荷物がほのかに光を受けています。朝靄が残り、淡く赤い光を受けています。それを水面が映します。また、荷揚げ場の建物のシルエットが水面に揺らいでいます。

　以下に、夕景と同じように朝景の特徴をとりまとめてまいります。データとして24点の絵画を抽出しました（巻末に添付：付表－2）。

　さて、夜の闇から夜明けを経て日の出を迎える、この間の時間区分を考えるにあたり、夜が明ける時分の視覚的明るさを表す「暁（あかとき・あかつき）→曙（あけぼの）→朝ぼらけ（あさぼらけ）→日の出」（諸説ありますが、ここでは明るさを「曙＜朝ぼらけ」としました）による区分をここでは用います（図4－6参照　朝景の区分）。それぞれは、暁1点、曙2点、朝ぼらけ10点、日の出後11点となりました。尚、夕景と同様、分類項目にて作品毎の「時間区分」が確認できます。

　以下に、各段階で巴水が捉えた朝景の妙を眺めることといたします。

①暁（あかつき・あかとき）

　暁とは夜半過ぎから夜明け近くのまだ暗い頃までの間をいいます。夜明け

余暇の風景学を考える

図4-8 別府の朝（1928：昭和3年）

図4-9 尾道の朝（1940：昭和15年）

に近い未明時分のことです。巴水の絵では、東の空がわずかに白く明るく、それを受けた水面も同様に明るい状況を捉えています。わずかな明るさですから、諸物のディテールは分かりません。堀沿いの建物のシルエットを捉えます。

②曙（あけぼの）

　夜がほのぼのと明け始める頃、暁の終わり頃で、空が明るくなって来ているが陰はまだ暗い時刻、朝ぼらけに先立つ時間を指します。月や明けの明星が残り、東の空や水面が紅く色づき、染まり始めます。やがて、近景の水面、遠景の空や高い山の上方までも色づき始めます。

③朝ぼらけ（あさぼらけ）

　空はいっそう明るく色をさし始めます。諸物の色やディテールも分かるようになりますが、影はまだ出来ていません。遠景はまだ霞んでシルエットの状態ですが、山の山頂付近ははっきり染まります。一方、近景は色々なものや人がはっきり見え、色も判別できるようになります。この段階で、朝霧（朝靄）でボーッと霞む様子を捉えているものがあります。

④日の出後

　太陽の上縁が東の空に上り始める時、およびその時分の現象です。遠景の山には日が差し、色に染まり、陰影ができます。遠い空まではっきりと空の色が分かります。近景から遠景まではっきりと見渡せ、陰影もはっきりしてきます。特に近景から中景で水面などがあれば、写像が色を添えて分かるようになります。倒景の美しさが捉えられます。

b. 特徴のある描写

　東を意識する場合は、明るさや色づく様子（橙色や紅色）を捉えます。西を意識する場合は、日の出後の太陽光線を受ける様子や陰影を、北や南を意識する場合は、色のグラデーションや側光を受けた諸物の横顔や陰影を捉えます。

c．場面・アングル・添景
イ．描写場面
　描写場面の種類と点数は次の通りとなりました。
　①海辺・浜辺・港：6/24点、②川辺・堀端：6/24点、③湖辺・沼辺：7/24点、④寺社・境内：1/24点、⑤町中：1/24点、⑥城址：1/24点、⑦田園：1/24点、⑧山：1/24点
　このように多くが水辺と関わっています。朝景にとって、空や山の色合いの変化が映り込む水面の存在は欠かせません。巴水が選ぶ場所も水辺が多いことを確認できます。
ロ．アングル
　視線の方向の結果は、①ほぼ真っ直ぐ前を見つめる水平視が18/24点、②見上げる仰観視が3/24点、③見下ろす俯瞰視が3/24点となりました。眼前の眺めを総体的に受け止めることが基本となされているようです。
ハ．添景
　水辺が多いので、その雰囲気を高めるための舟や人が多く添えられています。朝の活動の様子を人の仕草などで受け止めています。明けきらない様子を、空に残る月や金星で感じ取っていることも意識しておきたいことの一つです。

巻末付表－1　夕景に関する絵画一覧

| 番号 | 画題 | 制作年 | 時間区分 | 状況・状態 | 描写場面 | アングル | 添景 |
|---|---|---|---|---|---|---|---|
| 1 | 塩原おかね路 | 1918年 | 暮れ初む | 夕日を受けた秋の山、山蔭の暗い細道との対比 | 山辺 | 俯瞰視 | 荷駄・里の人(1：女) |
| 2 | 伊香保の夏 | 1919年 | 暮れ渡る | 辺り一帯、暮れもやに包まれる。木々のむら立つ辺は黒い影となる。 | 〃 | 水平視 | ― |
| 3 | 石積む舟(房州) | 1920年 | 暮れ初む | 赤い夕陽の光を浴びる石積舟と岸の岩 | 海辺(磯) | やや俯瞰視 | 帆掛け舟(1)・人(2：男) |
| 4 | 若狭久出の浜 | 〃 | 〃 | 赤い夕陽の光にまばゆく染まる遠景の山、水面と岩礁と小鳥 | 〃 | 俯瞰視 | 遠く小さく帆掛け舟(1) |
| 5 | 深川上の橋 | 〃 | 〃 | 水面と空を染める紅い夕映と、闇の橋間の暗さとの対比 | 川辺 | 水平視 | 帆掛舟(3)・小舟(1)・舟上の人(4)・橋上の人(2) |
| 6 | 木場の夕暮れ | 〃 | 暮れなずむ | あかあかと染まる空と、水面に映る橋の倒景の美 | 〃 | 〃 | 人(1) |
| 7 | 谷中の夕映 | 1921年 | 暮れ初む | 夕陽の光を受けた五重塔の光と影 | 寺院境内 | 仰観視 | 飛ぶ鳥(1) |
| 8 | 佐渡相川町 | 〃 | 暮れ渡る | 彼方の水平線の上が紅く染まる。暮れの最後 | 漁港(海辺の集落) | やや俯瞰視 | 小舟(1)・大人(1：老人、男)・子供(1：女の子) |
| 9 | 平等院鳳凰堂 | 〃 | 暮れなずむ | 西空が橙に染まる。雲の下端も同様に染まる。 | 寺院境内 | 水平視 | ― |
| 10 | 落陽(越後郷本) | 〃 | 暮れ初む | 水平線に沈む夕陽(半分程) | 浜辺 | やや俯瞰視 | 人(1：男)・やぐら |
| 11 | 京都鴨川の夕暮れ | 1923年 | 暮れなずむ | 遠く西の空にたなびく雲が紅く染まる。 | 川辺 | 水平視 | 染物(反物)・人(多数)・人(1：女) |
| 12 | 出雲松江(三日月) | 1924年 | 〃 | 茜色の空に浮ぶ夕月、家々はやや見えづらい。 | 川辺(堀端) | 水平視 | 小舟(1)・漕ぎ手(1：男)・人(1) |
| 13 | 池上市之倉(夕陽) | 1928年 | 暮れ初む(入日) | 夕陽が沈む少し手前、西空が紅く染まる。 | 田園 | やや俯瞰視 | 農夫(1：男) |
| 14 | 牛堀の夕暮れ | 1930年 | 暮れなずむ | 雲の切れ間から茜色の空がのぞく。水面がそれを映す。 | 水郷(湖) | 水平視 | 帆掛け舟・人(3) |

| | 題名 | 年 | 時刻 | 描写 | 場所 | 視点 | 人物・物 |
|---|---|---|---|---|---|---|---|
| 15 | 安倍川の夕 | 1931年 | 暮れ初む | 遠い山の背後の空が紅く染まる。山は薄暗く見えづらい。 | 川辺 | 〃 | ― |
| 16 | 森ヶ崎の夕陽 | 1932年 | 暮れなずむ | 西空が橙色から橙色へのグラデーション。小さな雲が点在する。 | 漁村（漁港） | 〃 | 子守の人 (1：女) |
| 17 | 三保の夕 | 〃 | 〃 | 富士山の背後の空全体が橙色のグラデーションで染まる。 | 浜辺 | やや仰観 | 漁人(1)・陸揚げ舟(1)・沖に舟(2)・舟上に人（複数） |
| 18 | 芦の湖の夕富士 | 1935年 | 〃 | 富士山頂や巻く雲の上端が染まる。 | 湖辺 | 〃 | 小さく帆掛舟(1) |
| 19 | 房州小湊 | 1936年 | 〃 | 空に月、雲がわずかに染まる。 | 浜辺 | 水平視 | 沖に舟(2)・舟上の人（多数） |
| 20 | 佃住吉神社 | 〃 | 暮れ渡る | 遠景が紅から橙色へのグラデーション。建物などは明瞭でない。 | 海辺（港） | 〃 | 舟（多数）・人(1)・干し物(2) |
| 21 | 天草本渡 | 1937年 | 暮れなずむ | 遠景の山、海に赤く淡く霞む。 | 城址 | やや俯瞰視 | ― |
| 22 | 田子之浦之夕 | 1940年 | 暮れ初む | 遠景の富士の峯から山頂にかけて染まる。まだ、明るさが残る。 | 田園 | やや仰観視 | 荷車(1)・荷駄(1)・荷駄を引く人(1) |
| 23 | 松之夕陽（鈴川之海岸） | 〃 | 〃 | 西方に雲があるため、やや上部の雲の切れ間が染まる。 | 海辺 | 水平視 | ― |
| 24 | 前橋敷島河原 | 1942年 | 暮れなずむ | 西空全体にダイナミックに広がる雲が酒色に染まる。同様に川面も染まる。 | 河原 | 〃 | 小さな渡し板(1) |
| 25 | 野州佐久山岩井橋 | 1946年 | 〃 | 遠景の空 紅と藍色のせめぎ合い。それを水面が映す。遠景の山はシルエット。 | 河原（川辺） | 〃 | 橋上の人 (2：農婦) |
| 26 | 秩父皆野の夕 | 〃 | 〃 | 辺り一帯が薄暗い。遠景の山はシルエット。空は橙色のグラデーション。 | 川辺 | 〃 | ― |
| 27 | 錦帯橋の春宵 | 1947年 | 〃 | 錦帯橋の背後の空が赤く染まる。 | 〃 | 〃 | ― |
| 28 | 大手門の春の暮 | 1952年 | 〃 | 大手門の背後の空が赤く染まる。 | 城址（堀端） | 〃 | 小舟・人 (1：船頭) |
| 29 | 勿来の夕 | 1954年 | 暮れ初む | 水平線が赤く染まる。上空の層雲も全体が赤く染まる。 | 海辺 | 〃 | 人 (2：農婦) |

巻末付表－2　朝景に関する絵画一覧

| 番号 | 画題 | 制作年 | 時間区分 | 状況・状態 | 描写場面 | アングル | 添景 |
|---|---|---|---|---|---|---|---|
| 1 | 陸奥鴛沼 | 1919年 | 朝まらけ | 遠景の山がほのかに明るい。 | 沼辺（山中の沼） | 俯瞰視 | 小舟・人（2：男） |
| 2 | 房州岩井の浜 | 1920年 | 〃 | 遠景の雲が金色に明るく色をさし始める。 | 浜辺 | 水平視 | 赤い子牛(1)・子供（1：男） |
| 3 | 金沢浅野川 | 1920年 | 〃 | 空が色付き始める。遠景の山はシルエット。川沿いは朝霧で霞む。 | 川辺 | 〃 | 白鳥(5)・人(1：シルエット) |
| 4 | 大阪道とん堀の朝 | 1921年 | 暁 | 遠くの空中面がかすかに明るくなる。 | 堀端 | 〃 | 小舟(4)・漕ぎ手(2)・屋形船(2)・橋上の人(4)・人力車(1)・車夫(1)・鳥（3：シルエット） |
| 5 | 別府の朝 | 1922年 | 朝まらけ | すっかり明るくなる。空と水面がかなり色づく。 | 海辺 | 〃 | 帆掛け舟(3)・小舟(3)・人（23：大人22、子供1） |
| 6 | 出雲美保ヶ関の朝 | 1925年 | 日の出後 | すっかり明け切っていゐる。朝日を受けた岩肌、護岸、燈籠が光り影をつくる。 | 海辺（港） | 〃 | 帆掛け舟(1)・燈籠（灯台）(1)・民家(2) |
| 7 | 大根河岸の朝 | 1927年 | 曙 | 遠くの空、水面が色付き始める。 | 堀端 | 〃 | 小舟(5)・橋上の荷車(2)・人(8) |
| 8 | 別府の朝 | 1928年 | 〃 | 月や星が空に残る。明けきらない。 | 港（海辺） | 〃 | 小舟群(13)・三日月・金星 |
| 9 | 二重橋の朝 | 1930年 | 日の出後 | 朝焼けが未だ残る中、朝の光が射し始める皇居二重橋 | 城址（端） | やや仰観視 | 鳥(3) |
| 10 | 山中湖の暁 | 1931年 | 〃 | 富士の山頂付近から赤く染まる。 | 湖辺（湖畔） | 水平視 | 小舟(1) |
| 11 | 土浦の朝 | 1931年 | 朝まらけ | 朝の光で朝霧が染まり、それが晴れてゆく。 | 湖辺 | 〃 | 小舟(3) |
| 12 | 鵠沼の朝 | 1933年 | 日の出後 | すっかり明るくなる。遠くも近くもはっきり見える。 | 沼辺 | 〃 | 小舟(1)・人（2：男） |

| | | | | | | | |
|---|---|---|---|---|---|---|---|
| 13 | 池上市之倉（夕陽） | 1928年 | 暮れ初むる（入日） | 夕陽が沈む少し手前、西空が紅く染まる。 | 田園 | 〃 | 農夫（1：男） |
| 14 | 永代橋 | 1937年 | 朝ばらけ | すっかり明るくなるが、朝霧が立つ。 | 川辺 | やや俯瞰視 | 小舟(3)・人(3)・路面電車(1)・車(1)・人(3) |
| 15 | 伊豆長岡霜之朝 | 1939年 | 日の出 | 後遠景の富士がくっきりと見える。澄んだ霜の朝。 | 田園 | 水平視 | 蓑まっち(19) |
| 16 | 尾道の朝 | 1940年 | 朝ばらけ | 朝日が僅かに顔を出した頃の明るい港。赤みを帯びた朝靄が淡く水面に映る。 | 海辺（港） | 〃 | 人（1：男） |
| 17 | 日本橋（夜明） | 1940年 | 日の出後 | すっかり明けきって、朝の光で橋に影ができる。雲も染まる。 | 川辺 | 〃 | 人（2：男、2：女） |
| 18 | 元吉原之朝 | 1940年 | 〃 | すっかり明けきる。遠景の富士はくっきり、家々に影ができる。 | 町中（市街地） | 俯瞰視 | 人（1：男） |
| 19 | 信州松原湖（猪名湖） | 1941年 | 〃 | すっかり明るくなる。淡い橙色の空と湖を取り巻く樹林が水面に映る。 | 湖辺 | 水平視 | 人（1：釣り人） |
| 20 | 明けゆく富士（無記載） | 1942年 | 朝ばらけ | 富士の山頂が紅く染まる。遠景のたなびく雲も染まる。 | 山 | 仰観視 | ― |
| 21 | 霧の宮島 | 1947年 | 〃 | 明るくなっているが、海霧の立つ嚴島神社境内。 | 神社境内（海辺） | 水平視 | ― |
| 22 | うら磐梯青沼之朝 | 1949年 | 日の出後 | すっかり明けきっている。遠くの山が紅く染まる。 | 沼辺 | 水平視 | 民家(1) |
| 23 | 三津浜の朝 | 1953年 | 〃 | すっかり明けきって、朝の光を受けて陰影もできる。 | 海辺（港） | 水平視 | 小舟(2)・遠景に帆掛け舟(1) |
| 24 | 岡山城の朝 | 1955年 | 朝ばらけ | 赤く染まる朝靄の中、岡山城が佇む。 | 川辺（堀端） | やや仰観視 | ― |

小林　享（こばやし　とおる）

　1957年新潟県生まれ、筑波大学大学院修了、東京工業大学中村良夫研究室にて工学博士。（株）計画技術研究所、福井工業大学工学部講師、運輸省港湾技術研究所主任研究官（横浜国立大学工学部兼任講師）、前橋工科大学工学部助教授を経て、2001年同教授、現在に至る。

〔単著〕
●五感と気象に着目した『移ろいの風景論　−五感・ことば・天気−』
（鹿島出版会：1993年）、平成6年度土木学会出版文化賞受賞
●雨の美学にアプローチした『雨の景観への招待　−名雨のすすめ−』
（彰国社：1996年）
●景観解釈の多面性を扱った『風景の調律　−景観体験の構築−』
（鹿島出版会：1999年）
●食文化を景観研究のテーマに据えた『食文化の風景学』
（技報堂出版：2007年）、日本観光研究学会第一回観光著作賞受賞

〔共著・執筆分担〕
●『水辺の景観設計』（技報堂出版：1988年）
●『都市をめぐる水の話』（井上書院：1992年）
●『景観用語事典』（彰国社：1998年）
●『創園―日本の庭　世界の庭―』（ミサワホーム総合研究所：1998年）
●『土木用語大辞典』（技報堂出版：1999年）

地形図リスト

以下の地図は、国土地理院発行の地形図を使用したものである。

　石巻（いしのまき）地勢図　20万分の1
　宮津（みやづ）宮津15号-2　2万5千分の1
　厳島（いつくしま）広島11号　5万分の1
　京都東北部（きょうととうほくぶ）京都及大阪2号　5万分の1
　鹿児島（かごしま）地勢図　20万分の1
　鞆（とも）岡山及丸亀10号-2　2万5千分の1
　松島（まつしま）石巻14号-4　2万5千分の1
　和歌山（わかやま）和歌山15号-2・4　2万5千分の1
　磯浜（いそはま）水戸7号-3　2万5千分の1
　社（やしろ）姫路3号-2　2万5千分の1
　小見（おみ）髙山9号-2　2万5千分の1
　伊勢（いせ）伊勢6号-1　2万5千分の1
　津屋崎（つやざき）福岡10号-1　2万5千分の1

---

前橋工科大学ブックレット4

# 余暇の風景学を考える
―美学的時間消費論と川瀬巴水の郷愁―
（上）

2018年3月20日　初版発行

著　　者：小林　享
　　　　〒371-0816　群馬県前橋市上佐鳥町460-1
　　　　TEL ０２７－２６５－０１１１
発　　行：上毛新聞社事業局出版部
　　　　〒371-8666　前橋市古市町1-50-21
　　　　TEL ０２７－２５４－９９６６
　　　　ⓒ Maebashi Institute of Technology 2018